社会主义核心价值体系建设
"双百"出版工程

项 目

100位

新中国成立以来感动中国人物

韩素云

陈富贵/著

★

吉林文史出版社

《100位新中国成立以来感动中国人物》丛书

★★★★★

编 委 会

前 言

每个人的心中都多少有一点英雄情结，都向往英雄、景仰英雄。也正因此，在中华人民共和国建国六十周年之际，由中央十一部委联合组织开展的"100位为新中国成立作出突出贡献的英雄模范人物和100位新中国成立以来感动中国人物"的评选活动中，群众参与投票总数近一亿。这其中的每一张选票，都表达了人们对英雄模范的崇敬之情，寄托着对伟大祖国的美好祝福。

一个民族不能没有英雄，否则这个民族就不会强大。当国家危难之时，懦弱者选择了逃避、妥协甚至投降，英雄们却挺身而出，用热血捍卫民族的尊严，人民的幸福。在创立和建设新中国的伟大历程中，涌现出无数可歌可泣的英雄模范人物。他们之中，有为了民族独立和人民解放而英勇牺牲的革命先烈，有为了党和人民的事业而不懈奋斗的优秀共产党员，有在全民族抗战中顽强奋战、为国捐躯的爱国将士，有英勇杀敌的战斗英雄和革命群众，有积极从事进步活动的著名民主爱国人士和国际友人……他们是民族的脊梁、祖国的骄傲，是激励全体人民团结奋斗的精神力量。

《100位新中国成立以来感动中国人物》丛书，就像一部星光璀璨的英雄谱，真实、完整地记录了英雄模范人物不平凡的一生，再现了他们非凡的人格魅力和精神世界。舍身堵枪眼的黄继光，拼命也要拿下大油田的王进喜，中国原子弹之父邓稼先，新时期领导干部的楷模孔繁森……一串串闪光的名字，一个个动人的故事，犹如群星闪烁，光耀中华。

当今中国正处于伟大变革的时代，迫切需要涌现出一大批勇于承担历史使命、为祖国和人民奉献一切的先进人物。在"双百"人物崇高精神的引领下，在建设社会主义现代化国家的征程中，必将英雄辈出。

生平简介

韩素云，女，汉族，1961年9月22日出生在山东省梁山县韩垓乡马店村一个普通农民家庭。中共党员，现任广西壮族自治区南宁市财政局预算外科主任科员。

韩素云是一个身患重病，仍挑起家庭生活重担，默默支持丈夫献身国防事业的"好军嫂"。为支持在广西边防服役的丈夫倪效武戍边卫国，韩素云提前过门，挑起了一个9口之家的生活重担：80多岁双眼失明的老奶奶需要护理，患慢性阑尾炎的公公和有神经官能症的婆婆要人照顾，几乎是半瞎子的小叔子稍不留神便出事，两个孪生小妹妹要辅导功课，12亩责任田要耕种收割……由于过度劳累，韩素云患上了被称作"骨癌"的股骨头缺血性坏死症。在身患绝症的情况下，韩素云向丈夫发出的仍是一封封平安信。

韩素云的事迹经新闻媒体披露后，在社会上引起了强烈反响。她朴实的行动，谱写了一曲爱的颂歌；她无私的精神，折射出了时代最可贵的品质……"好军嫂"韩素云让一个时代为之感动。

韩素云曾先后被评为全国、广西壮族自治区、山东省"三八"红旗手；山东省济宁市"爱国拥军模范"；1994年被山东省委、省政府授予"模范军属"称号；1995年1月被授予山东省首届"关心国防建设新闻人物"称号；1995年2月当选广西十大女杰；1995年3月被国家民政部、解放军总政治部授予"优秀军人妻子"荣誉称号和二级英模奖章；1994年3月至1995年10月，先后获"广西壮族自治区劳动模范"、"巾帼建功先进个人"、全国先进工作者、全国劳动模范等荣誉称号，被誉为"好军嫂"；2009年9月当选"100位新中国成立以来感动中国人物"。

1961-

◀ 韩素云

目 录 MULU

平凡朴实韩素云

→ 生在普通农民家

★★★★★

1961 年 9 月 22 日，韩素云出生在山东省梁山县韩垓乡马店村一个普通农民家庭。当时家里上有爷爷、奶奶和父母，还有大哥和姐姐。素云出生几年后，家里又添了两个弟弟和一个妹妹。

梁山县位于山东省西南部，与山东的泰安、济宁、菏泽、河南的濮阳搭界。

梁山县内一共有 6 座山——梁山、凤凰山、龟山、小安山、独山和土山，其中梁山最高，海拔 197.9 米。

"山不在高，有仙则名。"梁山便是如此。

传说北宋年间有个姓宋名江的人，欲在梁山一展抱负，便站到山顶处振臂高呼，这一呼引来了 108 条英雄好汉。这 108 条好汉凭借梁山天险，打出替天行道的旗帜，除暴安良，把朝廷闹得鸡犬不宁。也正因为他们这一闹，小小梁山才得以载誉千古，名满天下。

抗战期间，梁山人民配合八路军·五师多次打击日本侵略者。罗荣桓元帅在这里指挥了著名的独山战役，全歼日军一个步兵大队和一个野炮小队。

解放战争时期，刘邓大军挺进大别山是从这里渡过黄河……

军队和老百姓血脉相连，拥军爱民是梁山人民的优良传统。

素云稍懂事时，便喜欢听娘讲故事："独山战役后，从战场上下来很多八路军伤员，你姥娘也接了好几个伤员回家。伤还没好利索，战士们就帮着挑水、收拾院子，还帮着到地里收割抢种……鬼子、汉奸得到消息后，把你大舅五花大绑抓进了他们的据点，逼他说出八路军伤员的藏身处，他挺着脖子宁死不招。鬼子汉奸大怒，用棒子打，用皮鞭抽，一直把他打得皮开肉绽，鲜血顺着双脚往下淌，你大舅还是啥也没说。后来，两个舅舅和一个表哥都参加了八路军，打鬼子，除汉奸，后来改编成解放军又接着打老蒋，再后来又雄赳赳气昂昂地跨过鸭绿江，奔向了朝鲜战场……"

素云是听着这样的故事长大的，在她幼小的心灵里早早埋下了爱军拥军的种子，她渴望自己长大后也能参军报效祖国。

幼年素云懂事早

★★★★★

素云爹是个老实巴交的农民，娘是普通的农村妇女，哥哥姐姐虽说都比素云大几岁，但也是吃饭长身体的时候，爷爷奶奶已是年迈之人，只能干些零碎的轻活，生活重担几乎全压在爹娘肩上。

维持10口之家的生计，对于素云爹娘来说是相当艰难的。为了不让老人受罪，不叫几个孩子挨饿，素云爹娘起早贪黑，干完地里活再忙家里事，省吃俭用，日子还算勉强过得去。

在那个"新三年，旧三年，缝缝补补又三年"和"做饭多添一瓢水，吃饭多摆一双筷"的年代里，素云从爷奶和爹娘身上继承了纯朴善良、宽厚待人、诚信守义、勤劳节俭、尊老爱幼的高尚品德；在哥哥姐姐身上学会了不争吃穿，不惹是生非，与邻居和小伙伴们和睦相处，力所能及帮家里做事，为爹娘分忧的良好习惯。俗话说得好：

穷人的孩子早当家。三四岁时，素云便懂得带着弟、妹玩耍；稍长两岁便学会了洗衣服、洗菜、拾庄稼；十多岁时，素云不但能干缝补衣裳、做鞋子、织毛衣类的针线活，还能利用放学时间帮大人下地播种、锄草、施肥、收割。在自家老人和乡亲们心目中，素云是个勤快、和气、孝顺、懂事早的好闺女。

可以说，集中在韩素云身上的那种与生俱来的纯朴善良和吃苦耐劳的品质，既是老人言传身教的结果，也是中华民族传统美德孕育的结晶。

→ 在校是个好学生

☆☆☆☆☆

韩素云上学读书的时期，正赶上"文革"，社会上流行"读书无用论"，学校里搞"开门办学"、"贫下中农管理学校"。学生们正经上课的时间很少，大好时光基本上荒废在了至今谁也说不清道不明的"斗批改"中。虽说学校上课不正规，但在老师和同学们心中，韩素云是个品学兼优的好学生。她热爱集体，热心公益事业。低年级同学的衣服破了，她像大姐姐一样，帮着缝缝补补；同学玩耍时不小心碰破了手，她急忙掏出自己的小手绢捂住伤口，然后送到卫生室包扎；看到教室、黑板脏时，她总是邀几个同学，把教室、黑板、课桌打扫、擦洗得干干净净；她还经常把自己的铅笔、本子送给家里困难的同学。

当时，学校里有几亩棉花实验田，素云经常组织同学们利用课余或吃饭的时间，为棉花修枝打杈、锄草松土、挑水施肥。棉花生虫了，她邀上几位女同学利用星期天，从家里背来喷雾器打药灭虫……

一天，学校组织部分老师和男同学到二十多公里外的沙场拉沙子维修校舍，素云听说后积极要求参加，老师见她年纪小没有同意。等拉沙子的人走后，素云召集了十多名同学徒步赶到十多公里的岔路口迎接。当老师和男生们汗流浃背，拉着重重的车子，倍感行进艰难之时，素云领着同学们围上来了，他们有的在后边帮着推，有的在前面套上绳子拉，车子一下变轻了，速度加快了，老师和同学们心里热乎乎的。

初中毕业后，韩素云回乡务农，虽然学历不高，但在当时的农村也算"知识青年"，学校里学到的一些知识应用到生产劳动中，使她很快成了劳动能手、农技骨干，加上素云吃苦耐劳，"好闺女"的名声传得更响了。

默默奉献韩素云

支持效武戍边关

★★★★★

　　俗话说:男大当婚,女大当嫁。1983年春天,也就是素云21岁那年,经二姨妈介绍,素云和倪效武订了亲。

　　倪效武家在韩垓乡东面的汶上县南旺镇十里闸东村,两家相距15里路。同年10月,广西边防部队到汶上县接兵,效武很想去,但又放心不下家里的事。

　　也难怪效武有顾虑,他家也的确够困难的。80多岁双目失明的老奶奶瘫痪在床,父亲有慢性阑尾炎,母亲有神经官能症,哥哥在五十多公里外的矿上做工,平时很少回家,嫂子身体虚弱干不了活,弟弟是个半瞎子,一对双胞胎妹妹正在读小学,一个9口之家就自己是个壮劳力,能走得开吗?

　　就在效武感到左右为难之时,素云赶到了,她对效武说:"我从小就做参军的梦,可惜没有

△ 1983年11月，在素云的鼓励、支持下，倪效武参军来到广西龙州县边防某部新兵连

女兵的名额。你参军，我也跟着光荣，家里的事、庄稼地里的活我来做，你放心走吧。"效武爹是个老党员，也很想送效武参军，素云的话更让他坚定了送效武参军的想法。就这样，效武当年参军到了战事不断的广西边防。

效武走后，素云经常抽空去看望和照顾效武家的3位老人，农忙时帮助种地、收割，农闲时过去帮着拆洗被褥，缝补衣裳。第二年秋天，与效武一起参军的一位同村战友牺牲了。既担心儿子安全，又担心素云退亲的效武娘病重了。

当素云得知消息风风火火赶到时，效武娘已不

省人事。"赶快送医院！"话刚出口，素云便后悔了。她也知道家里没钱啊！见效武爹为难，素云说："我来时带了点钱，不够再想办法！"

事不宜迟，素云急忙跑到邻居家借了一辆架子车，把效武娘抱到车上，拉起来就向近三十公里的济宁市北郊岱庄医院奔去。车重路烂行进难，为了不让效武娘从车上滑下来，也为了保持前高后低的睡姿以减轻老人的痛苦，上坡时，素云尽量压低车把，弓着身子用力拉，遇到大坡时几乎双膝跪地艰难行；下坡时，则双脚在前，双手握紧车把，身子后仰用后背紧紧顶住车子前框碎步小跑，尽量不用车尾部摩擦地面。到医院后，素云顾不上擦去脸上的汗水，揉一揉酸痛的肩膀和双脚，就急忙排队挂号，搀扶老人就诊。

在老人住院期间，素云天天守在老人身旁，端水、喂饭、擦洗身子、端屎倒尿。为了给老人增加营养，素云变着花样给老人买吃买喝。同病房的病人见素云干活干净利索，照顾病人周到细致，便问效武娘："这是你闺女吧？"效武娘摇了摇头。"那就是你儿媳妇！"效武娘有些难为情地说："还没过门呢。"病友们都不相信这是真的，她们对效武娘说："就是亲闺女也不过如此。您摊上这样的好媳妇真是有福气啊！"效武娘心里热乎乎、甜滋滋的。

在素云的精心照顾下，效武娘病轻了。她老人家咋也想不到，为了省钱，素云给她喝的是2分钱一壶的开水，自己渴时就跑到外面对着水龙头喝凉水；给她吃的是可口的饭菜，自己是早一餐晚一顿，有时甚至是背着人吃她剩下的东西挺过来的呀！

从那以后，素云去效武家的次数更多了。每到效武家时，不仅帮着做家里家外的活，还不断给效武娘吃"定心丸"。素云说："我跟效武的事是木板上钉钉，您就是用棒槌撵我，我也不会与他分手，您老人家尽管放心。"在素云的精心照顾和安慰下，效武娘的心病没了，身子也慢慢好了起来。

➡ 提前过门挑重担

☆☆☆☆☆

　　效武家的困难，素云看在眼里，急在心头。虽说效武娘的病好了点儿，但素云还是不放心。"这一家老的老，小的小，病的病，残的残，没有人操持这个家，效武就不可能在部队好好干。"思前想后，素云琢磨了个主意，搬到效武家住。素云把自己的想法跟爹娘一说，便遭到了反对。娘说："没过门的闺女就住在婆家，咱孔孟之乡，祖祖辈辈还没有过这种事，你不嫌羞，俺还怕人指脊梁骨哩！"素云说："效武家实在太难了，我已经和效武订了亲，早到他家一天，就叫效武早省一天心，在部队上也能安心，我行得正，坐得端，别人爱说啥就说啥去吧。"两位老人觉得闺女说得在理，虽然不很舒心，但还是答应了。

　　第二天，素云骑着一辆单车，驮着简单的行

△ 山东省汶上县十里闸东村倪效武家的老宅。韩素云提前过门时，房子、院落比图片中所显示的场景要破旧得多

李，从娘家来到了效武家，挑起了一个没过门媳妇本不应该挑起的家庭重担。

这一天，离效武参军离开家乡还不到一年。

住到效武家后，素云才真正懂得持家难。俗话说："富家也怕药罐子。"效武家本来就穷，加上3位老人长年有病，经常抓药，有点活钱都让几个药罐子淘干了。家里的几间旧房子墙壁有裂缝，屋檐往下塌，一条粗木杠子顶着几乎要断了的大梁，一到下雨天，水就顺着墙壁往下流，屋里几乎没有干的地方。

那时，素云身子骨硬，她坚信，有党的好政策，靠自己一双勤快的手，一定能使这个家过上好日子。

为了照顾好老人，素云几乎没睡过好觉，天刚蒙蒙亮，素云就起床了，第一件要做的事是生火煮好3碗鸡蛋汤，然后一碗一碗端到老人床头。老人们过意不去，总是劝素云："云啊，你烧汤时多添一碗水，自己也喝点儿中不中？"素云总是笑着说："我年轻，身体好，用不着补养。"第二件事是为全家人做饭。然后才匆匆忙忙喝碗稀粥，兜几块干粮下地干活。

效武奶奶的病情不稳，重时大小便都在床上，屎尿片子得经常换洗。按当地的规矩，这类事儿该由儿媳来干。素云没来时，伺候老人的活都是效武娘来做的。进门后，素云见效武娘也是病身子，就说："娘，侍候奶奶的事以后就由俺来干吧。"

"那可不中，端屎倒尿的，咋能让没过门的孙媳妇干呢！"

素云说："奶奶最疼效武了，他不在，就由俺替他尽孝吧！"

效武娘拗不过素云，只好答应。素云把侍候奶奶的活接下来了。

虽说老人眼睛看不见，但特爱干净，素云每隔几天，就给奶奶擦洗身子，每当温热的毛巾一遍又一遍从奶奶身上轻轻擦过时，奶奶总是心比蜜甜，眼落泪花。她老人家眼前仿佛出现了一位仙女，这仙女正为她驱赶身体里的病魔……

换下来的东西要随时洗净，素云几乎每天都抱着一大堆屎尿片子和衣服，到对门王家院里的压水井边去洗。有人见了说："素云，你还没有过门，这事不该你干。"素云说："过不过门都一样，效武娘有病，我就多干点儿。"素云的话让听者为之感动。后来，每当素云来洗衣服时，王家三嫂都主动帮着压水。

效武家的12亩地最远的要走五六里路，地是全家9口人的希望。为种好地，素云可没少操心，没少下力。旱季里，庄稼需要浇水，素云就一担一担地挑，一天几十担水挑下来，素云的肩膀压肿了，两条腿累得好似灌了铅一样沉重；农忙季节要抢收抢种，素云总是起早贪黑、没日没夜在地里忙活……有一年夏天，几亩棉花地里起了棉蚜虫，可把素云急坏了。听人说天旱且中午天气最热时打药杀虫效果最好，素云就专拣这个时候打药。四五十斤重的药桶背在身上，头顶火辣辣的日头，钻进齐腰深又憋又热的棉花地里，闻着刺鼻子的农药味，素云真有些喘不过气。有一天中午，由于药桶有点漏水，加上时间太长，天气炎热，素云昏了过去。醒来后，素云不顾家人的劝阻，又坚持返回棉田，直到把药全部打完。这一年，素云种的棉花喜获丰收。

农村实行责任制以后，村里人逐步富裕起来，不少人家都盖起了新房。素云也开始盘算盖房的事。虽说在农村盖房省钱，但对于效武家则是难事。为了多挣些钱，素云便利用农闲时间拉着木板车挨家挨户收购玉米、大豆，推销草帽、摘槐米。收上来的玉米、大豆卖给粮店，每斤能赚一到两分钱，卖一顶草帽最多能赚一毛钱，这些大多人看不上眼的小钱，素云也不嫌少，凡是政府让干的合法生意，不管利大利小，素云都干。能赚多少算多少。听说离家五十多公里外的宁阳县苹果便宜，素云便约了两个要好的姐妹合伙做起了小买卖。每次都是天黑上路，天亮赶到苹果园，装好车就拉着往回赶，一个来回要走一天两夜。乡间小道坑坑洼洼，凸凹不平。仨姐妹拉着满车的苹果，又渴又饿但谁都舍不得吃一个，赶夜路时，又累，又困，又害怕，她们就轮着一个在车上睡觉，两个埋头拉车。为了不让人看出是女孩子，三个人总是身上穿着深色的衣裳，头上戴着一顶帽子，一路上尽量不说话。实在走不动时，也得咬着牙把车子拉到村庄上有灯光的地方打个盹。这种买卖虽说冒险辛苦，但每次都能挣上二三十块钱。

有道是："日进分文也能富，坐吃山空必败家。"几年下来，素云还真赚了些钱，这些钱除了给3位老人看病抓药、补贴家用外，素云自己一分也舍不得花，穿的仍是从娘家带来的衣裳，吃的是几乎不能再简单的粗茶淡饭。攒到4000多块时，素云开始着手盖房子的事。因为钱太少，素云只能精打细算，能买一根木料就买一根木料，能买一包水泥就买一包水泥，搬搬运运之类的活全部自己干……

没过门的媳妇要给婆家盖新房的事在村里传开了，乡亲们纷纷赶来帮忙。王家三嫂见素云买的砖头不够，把自家准备盖房用的4000块砖借给了素云；许多乡亲宁愿放下自家的活，也要赶过来帮素云一把。新房上梁的那天，全村的乡亲们都赶来祝贺，院内院外里三层外三层挤满了人，鞭炮声、笑声、夸赞声不绝于耳。"看看人家这没过门的媳妇，多懂事体！""这闺女能干，咱十里八乡难找！""老倪家前辈积德行善多，找了个这么好的儿媳妇！"……

听着乡亲们赞不绝口的话，有点不好意思的素云心里甜甜的。

两间房子盖好后，素云又请人在院子里打了一眼压水井，解决了祖祖辈辈挑水吃的困难。搬新家时，素云坚持让3位老人住到新房内，老人们死活不肯，奶奶说:"俺家穷,啥也没给你弄,听奶奶一句话,这房子,就做你和效武的新房!"

1988年2月,也就是素云到倪家三年多后,才与效武拜堂成亲。

→ 国事家事分得清

★★★★★

婚后不久,婆婆又因病重住进了医院。当时,家中没钱,素云跑到村里的医生刘太和家借钱交了住院费。也就在这时,娘家托人带来口信,说素云爹的病已查出结果,属肺癌晚期,让素云赶快回去看看。

一边是要自己陪伴照顾的婆婆,另一边是从小疼爱并把自己养大的父亲,真难啊!素云难过地躲在医院的墙角里大哭了一场。

那时素云无法也不可能预计到后面的事。她想,爹的病有大哥、嫂子和弟弟照顾,应该没有大的问题。婆婆身边是一刻也离不了人,等婆婆身体稍好点后,自己再回去看望父亲。想到这儿，素云又装作没事人一样回到了婆婆病床边。

因过度劳累和牵挂父亲，素云眼圈发黑，明显消瘦。婆婆心疼地说："写封信让效武回来，让他帮帮你。"素云说："效武在部队忙着哩，咱家这点事都是小事，有我就中了。"半个月后，婆婆病好了，当素云正准备回娘家看父亲时，娘家叫人送信了："父亲已离开人世！"

这口信如晴天霹雳，击碎了素云的心！

她好后悔呀！至今，素云还为当初没能照顾父亲，父亲去世前也没顾上回去和老人家见最后一面而愧疚不已。

屋漏偏遭连夜雨，船破偏遇顶头风。就在素云父亲病逝不久，效武84岁的奶奶去世了。当时素云已有7个月的身孕。婆婆怕素云累坏身子，要素云拍封电报，让效武回来给奶奶送终。素云硬是不让。公公发火了："过去我们都依着你，这次我说了算！"婆婆抹着泪对素云说："你奶奶生前最疼效武，这回你得听俺的，你要是不发电报，俺就让你小妹去发。"听到这里，素云急了，"扑通"一声，跪在了二老面前："爹、娘，人死不能复生，让效武安心工作才是大事，您们常说，有国才有家，如果谁家有点事都从部队上往家拽人，就让部队领导犯难了，奶奶的丧事我能办好，我一定能替效武尽这个孝道，你们就再依俺一次吧！"素云的央求既让公婆感动，又让公婆心里难受。婆婆淌着泪上前把素云紧紧揽在怀里，泣不成声地说："孩子，快起来，娘依了你。"两天后，素云腆着大肚子，与大哥效文一起为奶奶办完了丧事。

1989年5月，素云生下了女儿。坐月子时，正赶上麦收大忙。俗话说："见子不顾苗。人误地一时，地误人一年。"生下孩子的第二天，素云就下床给全家人做饭、洗衣裳。这时，素云才真正体会到了丈夫不在身边的难处，大人难，孩子也跟着难，就给女儿起了个小名，叫"难难"。娘家人得知素云月子没满就下床干活的事后，立即让大哥过来帮忙，这一季的农活总算挺过来了。

素云与效武成婚的第四年，弟弟效龙也到了成家立业的年龄。素云托人舍脸，才为效龙找了个姑娘。为把弟弟的婚事办得体面些，素云东借西凑，好不容易才把结婚用的东西置买停当。东西虽说办好了，但公公婆婆还有烦心事：没有房子媳妇怎么进门？素云心里有底也最懂公婆的心。她对公婆说："我住的两间房子给效龙，家具也给他。俺姨家离得近，我搬到她家去住。"

按老规矩，兄弟们娶了媳妇就要分家。效武与弟弟分家的事由德高望重的伯父主持。伯父知道素云为这个家付出最多，功劳最大，开口便说："素云，要啥你先挑。"素云说："爹娘身体不好，该要离家近一点的地；弟弟眼睛不好，该要块肥地；我要块远的吧。"素云的话感动了伯父。老人动情地说："这孩子，现在又要最远最薄的地，吃亏的事咋全是你呢！"素云说："我会骑自行车，地远一点不打紧，虽说俺分家了，但地里的活、家里的事我照样做，您老人家尽管放心！"

伯父的话一点不假，素云就是爱吃亏也不怕吃亏的人。从进效武家到分家的近十年里，她所想的就是让全家过上好日子，让效武安心边防。她起早贪黑，辛勤劳作，使12亩责任田不误农时，粮棉年年高产，不但按质按量上交了公粮，还解决了全家9口人的吃穿问题；她用做小买卖赚来的和省吃俭用节余的钱，为公婆支付药费，盖起新房，帮弟弟成家立业；她怀着对国家、对军队无限的爱，如数上交了政府规定军属可免交的 190 斤小麦和 50 斤皮棉……

对素云硬要上交棉花和粮食的事，村里的一些人感到不理解，好心的邻居们劝素云："你家是军属，政府的照顾你不要，该免的你也不免，你咋恁傻哩？"素云总是笑着说："效武他们部队上的人要吃粮食，穿衣裳，城里的人也需要粮食和棉花，俺是军属，为国尽分力应该。"

多么朴实的语言啊！这朴实的语言里，凝聚着中华民族的传统美德和无穷力量，凝聚着素云对祖国、对人民、对军队、对丈夫的爱！

→ 身患重病志不移

★★★★★

冬去春来，转眼到了 1989 年的夏天。两个妹妹初中毕业了，素云有了帮手。村里人说："这下好了，素云的苦日子总算熬到头了。"可天有不测风云，人有旦夕祸福。也就在此时，素云感到自己的大腿时不时会出现针扎一样的疼痛，两条

△ 1986年3月，效武以优异成绩考入桂林陆军学院通信大队。做了很久的军官梦即将实现。

腿愣是不听使唤，想蹲时蹲不下去，蹲下后站不起来。开始时，素云并没把这事放在心上，总认为是干活累的，休息一下也就没事了。谁知，这疼痛一天比一天厉害，有时晚上痛得连觉都睡不着。

为了不让老人担心，也为了不让效武分心，再加上家里实在拿不出看病的钱，素云只好隐瞒病情，忍受着常人难以忍受的病痛折磨，像没病时那样，干着永远也干不完的活。给效武发出的仍是"家中一切都好，请你安心工作"的平安信。

封封"平安"信，句句勉励话，给效武增添了无穷无尽的力量。当战士那几年，效武先后干过爆破手、通信员、话务兵和炊事班长等多种专业，但不论干什么，他都是干一行，爱一行，专一行，先后被评为优秀共青团员和班长标兵。1985年，经过连队推荐，他又以优异成绩考取了桂林陆军学院；毕业时，他谢绝领导让其留校当教员的好意，强烈要求回到了广西边防；当排长期间，他先后带出了4个先进排；当教员期间，一共带出了67名优秀四会教

△ 1991年7月，韩素云从山东来到广西边防某部教导队。素云说："这张照片是我保留的最古老的一张。"

练员；他本人先后 15 次立功受奖，5 次被上级评为排长标兵、优秀共产党员和优秀教练员。在干好本职工作的同时，他还利用业余时间和 3 年的探亲假，参加函授学习，获得了大专文凭。

用效武的话说："我所取得的成绩，是素云无私奉献的结果，我的军功章里有素云的一大半！"

效武在部队的优秀表现，让素云备感欣慰和骄傲。这也正是她多年来含辛茹苦所追求的结果。她感到自己这些年的付出都是值得的。为此，她决心继续挑好生活的重担和承受病痛的煎熬。

然而，病来如山倒。剧烈的腿痛让素云有些吃不消了，每当痛得实在顶不住时，素云就到村上的刘医生家买止痛片。在 3 年多的时间里，素云吃了 30 多瓶的止痛片。

一个雨雪交加的深夜，公公的老毛病犯了，疼痛不止。为了给老人治病，素云忍着双腿剧痛，咬着牙迎着雨雪去找村里的刘医生。一出门就摔了跤，素云急忙爬起来，刚走了两步，腿一软又倒了下去。"素云啊，你千万不能倒下去！爹还在等着你请医生回去，这个家要你支撑，效武在部队指望着你哩，无论如何也不能倒……"想到这儿，素云又再次爬了起来。一路跌跌撞撞，离自家不足 500 米，没病时抬腿就到的刘医生家，咋就这么远啊！比平时走 100 里还难。

当满身泥水的素云来到刘医生家时，好心的刘医生劝素云："素云啊，你孝敬公婆没错，可也不能太亏自己，你的腿可能不是一般的病，快到大医院检查检查，可不能把病耽搁了。"其实，素云也想到了看病，可上哪儿弄钱去？

1991年春节前的几天，素云收到了效武的信。信上说，他准备回家过年。素云高兴坏了，急忙把这个消息告诉了全家。欣喜之余，素云心里又产生了一些顾虑，她担心自己的腿病万一让效武知道了，会给效武增加负担。于是，素云特意找到知道内情的刘医生，央求说："看病的钱我慢慢还，腿病的事可千万不要告诉效武，我不想让他分心。"刘医生被素

云的真情打动，点头答应了。

真是"久别胜新婚"，不知情的效武和素云过了他俩婚后第一个幸福、快乐的团圆年。假期还没到，效武就准备回广西边防。临别时，效武抱着心爱的女儿看了又看，亲了又亲，还逗女儿："难难乖，难难笑一个……"素云望着父女俩的亲热劲儿，悄悄对效武说："咱闺女'难难'这个名字就别叫了，咱总不能难一辈子吧！"

效武一想，也是这个理。人都有困难的时候，但只要有信心，有决心，困难总会被克服的，就顺口说："那就叫'前前'吧，往前看，再难的日子也会过去的！"

素云深情地望着效武，欣慰地点点头。

1992年春天，也就是效武走后不久，春播开始了。素云带着女儿到麦地里套种棉花。突然，素云的两条腿像木棍一样不听使唤了，"扑通"一声倒下后很久都站不起来，把小女儿吓得哇哇直哭，闻讯赶来的乡亲把素云搀回了家。

　　俗话说："纸里包不住火。"素云腿出毛病的事让家人知道了。眼看素云的病越来越重，公婆也急得没办法，送素云去看病吧，手里没钱；给效武写信吧，素云不让。这可如何是好？就在公婆左右为难之时，老伯父出面了，他背着素云让效武小妹效兰写了封信，把素云患病的事告诉了效武。

　　看完信，效武大吃一惊！立即回信叫素云火速到部队检查治疗。腿痛到这种程度，倔强的素云也只好依了效武，打点行装到了广西。到医院一查，结果出来了：素云患上了"股骨头缺血性坏死症"。医生说，这种病是由于过度劳累和长期营养不良，造成怀孕期间内分泌紊乱而形成的病变，属于世界性的疑难病症，目前只有为数不多的大医院才能治这种病。

　　心存悔疚，怀抱希望，效武带着素云先后到南宁、郑州、济南的7家大医院求医，得到的结果令人失望，大多医院说无药可治，只有一家说能治，但最少也要花一万多元。素云一听，眼泪就下来了："一万多元，扒了房子也没有啊！这几年，为了给自己治病，效武把家里值钱点儿的东西都卖完了，如今还欠人家2000多元的债，若再治下去，这个家可就垮了呀！"

　　当一个人知道自己得了绝症时，会怎么想？

　　素云当时也有不少想法：效武对自己已经尽了心，他还年轻，在部队上有他的工作，自己再也不能拖累效武了……可4岁的宝贝女儿咋办? 思前想后,素云又犹豫了。后来,素云终于想了个自己认为最好的办法:把自己一个远房亲戚的闺女介绍给效武。这样一来,不但为效武减轻了负担,女儿的事也能放心些。

有一天晚上,素云攒足劲儿跟效武提起了离婚的事。效武一听就急了:"真是胡闹,你是为了我和全家才病成这样的,我就是砸锅卖铁也要治好你的病! 你就是还有一口气,也是我们倪家的人! "

媒体关注起反响

《爱的故事》见报端

★★★★★

　　1993 年 11 月 13 日,《广西日报》在第一期"国防"版第二条的重要位置刊登了由记者陈富贵和通讯员王明金、周德国、曹丽心合写的通讯《爱的故事》。这也就成了国内新闻媒体第一篇报道"好军嫂"韩素云的文章。全文如下：

爱的故事

　　"这是心的呼唤,这是爱的奉献……"10 月 17 日上午,在动人的乐曲声中,解放军驻我区边防某部教导队的 300 多名官兵、家属和小孩,怀着自己的爱心纷纷把钱塞入捐款箱内。手捧大家捐助的 2306.46 元,教员倪效武和妻子韩素云如捧着 300 多颗滚烫的心,激动的泪水汩汩而下……

　　这是官兵为"军嫂"韩素云去吉林治病而自发捐款的真实场面。

一个弱女子，为何赢得这么多人的心？这还得从头说起：

韩素云是山东省梁山县韩垓乡马店村人。十年前与汶上县南旺镇的倪效武订亲。同年底小倪便参军到了广西边防。为了使未婚夫安心部队，小韩不顾世俗偏见，在家人的支持下搬进了小倪家。从此，她这个提前过门的媳妇挑起了全家的生活重担。80多岁的奶奶需要照顾，患慢性阑尾炎的公公和有严重神经官能症的婆婆要人护理，几乎是半个瞎子的小叔子稍不留神便出事，两个10岁的孪生妹妹要辅导功课，12亩责任田要耕种收割……这样一个多难的家庭，操持起来难哪！4年过去了，小韩终于当上了新娘。

不久，她怀孕了。按说这是件大喜事，可小韩却锁上了眉头。她明白，今后的日子会更难。那年冬天，鹅毛大雪铺天盖地下个没完，84岁的奶奶病危，弥留之际老人想和孙子再见上一面，公婆决定打电报给效武，可素云硬是不让。公公发火了："过去我们都依着你，这次我说了算！"扑通"一声，素云跪在了二老面前："爹、娘，您们就再依俺一次吧！人死不能复生，让效武安心工作才是大事，家里的事有我呢。"公婆听了觉得在理，又一次做了让步。就这样，素云腆着大肚子和家人冒着风雪为奶奶送了终。

第二年冬播季节，天大旱。村里人都到古运河里拉水播种，小韩弓着身子，披星戴月拉了二十多天，硬是在季节里下了种。邻里乡亲无不对她表示钦佩。冬去春来，十年过去了，韩素云以顽强的毅力和牺牲精神，不但把一个多难的家庭料理好，还圆满完成了全家应交的公购粮、棉和其他任务。就连按规定该减免的义务工她也总是走在前面，村里人都夸倪家找了个好媳妇。一些好心人感到不理解，劝她："乡、村两级的照顾你不要，该免的你不免，你咋恁傻哩！"素云笑着说："因为俺是军属。"

1989 年，是倪家的喜庆之年。两个妹妹初中毕业，素云有了帮手，效武也提了干部。邻居们说："素云的苦日子到头了！"可天有不测风云，就在此时，素云感到自己的两条腿麻木、疼痛，越来越不听使唤。为了不给这个刚刚起步的家庭再蒙阴影，素云强提精神，忍受着疾病的折磨，以微笑和拼命干活给家里人带来欢乐，以"家中平安"之信勉励丈夫安心军营。

封封"平安"信，句句勉励话，给效武增添了力量。当排长期间，他带出 4 个先进排，当教员，带出 67 名优秀四会教练员，他本人先后 15 次立功受奖，5 次被上级评为排长标兵、优秀共产党员和优秀教练员。在干好本职工作的同时，他还利用业余时间和 3 年的探亲假参加函授学习，获得了大专文凭。

1992 年 8 月，经检查，素云患了股骨头坏死症。消息传开后，教导队党委当即开会研究，在补助 200 元的同时打报告请示上级再给予照顾；班长王家顺向老中医爷爷要了几个秘方；文书王召华让在医药公司工作的爸爸寄来了一大包通络活血的药；广东籍战士梁永灵让香港的姨妈寄来了 4 瓶德国产的活血化淤药……一时间，几十种药品堆满了韩素云床头，但到底该用什么药，谁也说不清。

为了给妻子治病，倪效武把家中唯一值钱的一台黑白电视机和收录机卖掉，先后带着素云到济南、郑州、南宁等地的数家大医院求医，但病情一直不见好转。

正在他们感到失望之际，教导队长韦玉流从一个朋友那里得到了吉林市龙潭中医院能治此病的消息，他立即写信跟院方联系，该医院主治医生黄克勤回信同意接收治疗，倪效武夫妇好不高兴。部队的领导和同志们更理解他们经济的困难。

于是，便有了本文开头的那一幕。

➡ 《羊城晚报》起效应

☆☆☆☆☆

1993年12月30日，《羊城晚报》政法部编辑李直慧眼识珠，在《社会广场》专版刊登了《心的呼唤 爱的奉献——军营里一则感人的故事》。正是这篇看似很普通的社会来稿，引出了一串串动人的故事。

虽然事情已过多年，但笔者至今仍对这位从未见过面的新闻界同行感到骄傲与敬佩。试想，当初若不是他选登此稿，后面的故事会发生吗?

新闻教科书中对新闻事件的构成有着明确的定义和要求，即新闻要有"何时、何事、何人、何因、何果"五个要素，简称为五个"W"。若再通俗点说，写新闻时，作者最起码要把新闻发生的时间、发生在什么地方、是什么样的事、什么人或原因引起的、最后结果如何等重要内容交代清楚，否则就不是新闻，充其量只能叫做不完整的新闻事件。

如果我们把"好军嫂"韩素云这个时代典型的形成、发现、宣传、推广等过程当做一件新闻，把它放大、放慢来看的话，就不难发现：韩素云的无私奉献过程（即人物前期形成）、最早刊登《爱的故事》的《广西日报》、47天后才刊登该新闻的《羊城晚报》等前期发生的事情，也不是一件完整的新闻事件。其原因很简单，整个事件中缺少了很重要的一个要素——"结果"。

谁才能结这个"果"呢？不知道。

谁结了这个"果"呢？广州中医学院第一附属医院的教授袁浩和院长兼党委书记刘震东。

笔者把记忆的闸门打开，当年赴广州采访的场景再次显现——

1994年3月16日下午，我按照时任广西日报社长兼总编辑李明德"用最快的速度赶到广州，跟踪采访韩素云"的要求，急匆匆地登上了南宁开往广州的火车。第二天上午车到站，我一下车就乘出租车直奔医院。

因为事前报社并没有与院方联系过派记者采访的事，我只能一路打听找到了医院党委办公室，一位姓张的中年男同志接待了我（后来才知，该同志叫张伟程，是医院党委办公室副主任）。我急忙把单位开的采访证明和自己的记者证递到他手上，并说明了来意。对外省报社派记者采访，张伟程当时感到有些惊讶（因为那时除广州当地的少数媒体外，《广西日报》是第一家派记者到医院采访为韩素云治病一事的外省媒体），他很客气地对我说："你稍等一会儿，我先向领导汇报一下。"说完就拿着我的证件出去了。时间不长，张伟程就返回了办公室，他略带快意地告诉我："我们刘院长要见你，咱们现在就去他的小公室。"

因为党委办公室与院长办公室之间还有一段距离，张伟程边走边问了我的一些个人情况。当听我说到自己是河南人，曾在部队干过近二十年时，张伟程高兴了："我们院长也是河南的，是个很小就参加革命的老军人！"听他这么一说，我心里也放松不少。我心里想：在千里之外，人地两生的广州，能碰上一位当领导的同乡，此次的采访工作也许会顺利些吧。

由于都曾在军营待过，再加上同乡关系，我和刘震东第一次见面时，说话的时间较长，所谈的内容也多。在我眼里，刘震东在许多方面都与父亲相似，他也很自然把我当晚辈看待。故采访进行得相当顺利，我从他老人家那里，得到了不少也许是别人不

△ 1994年3月20日，袁浩教授的高徒蔡振基医生接受笔者采访

可能得到的东西。

当我怀着敬佩之心，恋恋不舍之情，与老前辈告别时，他深情地说："出远门做事不容易，今后有事可随时来找我。"他还特意交待张伟程："把陈记者安排在医院招待所住，方便工作，吃饭的事你去饭堂说一下，采访方面要尽量提供方便……"

还真不错。我在广州待了8天，采访工作和生活问题几乎没碰到什么难处。

首先说袁浩。

袁浩，中国著名的股骨头坏死研究专家，广州中医药大学首席教授、主任医生、博士生导师。2011年1月15日13时35分在广州逝世，享年85岁。

袁浩教授1926年10月16日生于浙江富阳。1955年7月大学毕业分配到海南701矿工医院。1974年调入海南人民医院。1982年调入广东省中医院，任骨科主任。1985年4月，又调入广州中医学院第一附属医院。

笔者第一次采访袁教授是在他家里进行的，袁教授说："我有晚睡的习惯，我一生中取得的所有科研成果，都是在夜深人静时攻破的，救治韩素云这个决心也是在凌晨下的！"袁教授说话的语气里透出幸福、满足、骄傲之意。"我是第二天深夜才看到这篇稿件的。那天晚上，我忙完所有的事后，拿起了弟子送来的《羊城晚报》。打开后便被《心的呼唤 爱的奉献——军营里一则感人的故事》的标题吸引，我连标点符号都没放过，相当认真地读了一遍。"说到这儿，老教授的眼里湿润了，他取下眼镜，揉了一下眼睛后，从沙发上站起来。"请等一下，我把那份报纸拿来。"从书房取出报纸后，袁教授并没有立即坐下，而是拿着报纸在客厅里边踱步边回忆当时的情景："说实话，看完报纸后，我心里既感动又难受，当军嫂不容易呀，没病没灾，她付出的艰辛也要比其他女性多，何况这孩子如此的多灾多难……"

重新落座后，袁教授又接着回忆："后来，我让老伴胡云也看这份报纸。看着看着，老伴就哭了起来，边哭边问我：'这闺女多好，老袁，你能不能想办法救救她？'我说，也许能，但她家哪有那么多钱啊！"

夜深了，袁教授和老伴在床上翻来覆去无法入睡。韩素云病歪歪但却倔强的身影总是在他们的眼前闪现。袁教授突然坐起来说："我给医院打个报告。"

灯光下，由袁教授口述，老伴执笔，给他们医院领导写了份报告：

刘书记及医院领导：

我读了《羊城晚报》报道的《心的呼唤，爱的奉献》一文，事迹非常感人。一位农村妇女韩素云为使她的丈夫倪效武安心在广西边防部队工作，默默无私地作出了无数贡献，最后患上了"新癌症"——股骨头缺血性坏死。其丈夫倪效武没有辜负党的培养和妻子的殷切期望，为国防事业作出了贡献，这是一曲生动感人的颂歌。

"军嫂爱心献国防，我为军嫂献爱心。"股骨头坏死过去被判为不治之症，现在我们已经攻破了这一疑难病症。在治疗上韩素云已走了很多弯路，花了很多钱，我想医院能否给些优惠，请她来治疗，以取得更大的社会效益，为国防建设作出贡献。

以上建议，请予批示。

此致

新年快乐！

袁　浩

1994 年 1 月 1 日

落款时，袁浩看了一眼桌上的座钟，时间刚好是凌晨 3 点。

接着说刘震东。

刘震东，河南开封人。1948 年，刚满 14 岁时参加中原野战军，曾参加淮海、渡江、解放大西南战役。解放后进南京军事学院深造，一毕业就参加抗美援朝。回国后到广州军区空军司令部工作。"文革"期间，被派到广东省中医院，任军管小组副组长。1968 年直接转业到中医院，任常务副院长。1984 年调入广州中医学院第一附属医院，任院长兼党委书记。离休后定居广州。

第一次见刘震东时，我是围绕"看了袁教授的报告后，您心里怎么想以及怎样批示"为切入点开始采访的。刘震东说："因为元旦放假，袁教授的报告是元月 4 日上午才送给我的。看完报告后，我的心再也无法平静。作为一名老军人，我不但对军队的感情深，也了解军人，更懂军人妻子的艰辛。韩素云的事太感人了。她任劳任怨、默默奉献，到底为了什么？不就是为了她丈夫安心边防，保家卫国吗？正是有了千千万万个像韩素云这样的军人妻子，我们的万里边防才得以稳固，全国人民才能有幸福安宁的生活环境。因此，

△ 1994年1月20日，广州中医学院第一附属医院的领导刘震东（左二）等看望韩素云

我对韩素云既同情又敬重。"说到这儿，刘震东停住了，他用慈祥的目光看了我一会儿："你也是当过兵的人，是不是也有这种体会？"我点头称"是。"接下来，刘震东满怀深情，用讲故事般的语调，说了这么一段话："山东是革命老区，抗日战争和解放战争时，父送儿、妻送夫参军的事太多了，有很多村子里的年轻人都走完了，留在家里的老人、妇女甚至小孩都参加了支前，他们抬担架，救伤员，送粮草……这些事我们都不能忘啊！"当我听得入迷之时，刘震东把话转上了正题："古往今来，救死扶伤都是行医人的天职，这样的病人如果我们不去救治，也会有别的医院抢着救治，只是我们这方面的技术更好，

条件更成熟罢了。"听完这话,我对刘震东更加敬佩。我心想:"这老前辈,不但说话有水平,且大局意识特强,在讲效益的年代里,当利与义同时出现时,别的医院真的能抢着治吗?"

见我欲言又止,刘震东笑着说:"我知道你有想法,咱不谈别的了,还是言归正传吧!"

接下来又开始说怎样签署这报告的事:"我当时也考虑了几个问题,一是医院技术力量和经济实力雄厚,接军嫂来治病,医院担得起;二是当时正进行'双文明'建设,如果做了这件事,不但为国防事业作些贡献,还能通过献爱心活动对职工进行无私奉献方面的教育,推动医院的医疗质量和医疗服务再上新台阶;三是在市场经济大潮的冲击下,医疗卫生领域中,利与义的矛盾日益凸显。如何处理这两者之间的矛盾,教育职工树立正确的人生观、价值观,是医院的当务之急,通过救治军嫂这张考卷,可以检验院党委的凝聚力和号召力,检验职工的基本素质和价值取向,对今后有针对性地开展思想政治工作有帮助;四是从军嫂角度考虑的。治这种病花钱多,收全费和优惠收费对军嫂来说,都没有实际意义,再优惠她也出不起,号召全院职工自愿捐款是个好举措,但不能彻底解决军嫂医疗费的问题,唯一的办法是——无偿治疗!"

想好之后,刘震东把医院的几位副职领导叫齐开了个紧急会议,与会的领导无异议。这时的刘震东拿起钢笔,在袁教授的报告下方批上了"接来无偿治疗"六个字。

1994年1月4日,这是个不平常的日子。

刘震东所签的这六个字也不是平平常常的字。

它奏响了广州中医学院第一附属医院肩挑道义、拥军优属、扶危济困的交响曲!

它为"好军嫂"韩素云这个之前还不完美的重大新闻事件,结出了一个重重的大"果"!

它把"军嫂爱心献国防,我为军嫂献爱心"的活动推向了全中国,推到了最高潮!

它使全国的"拥军优属,拥政爱民"工作,又登上了一个新的台阶!

→ # 心存疑虑去广州

★★★★★

刘震东批示后,医院寻找韩素云的过程颇费周折之事不表。直接从倪效武听到带妻子去广州治病的消息说起。

时间:1994年1月5日中午。

地点:广西边防某部教导队家属区,倪效武的临时居住地。

此时的效武家笼罩着一片愁云惨雾。

被病痛折磨得欲哭无泪、欲死不能的韩素云躺在床上。5岁的女儿前前站在床前,用一双

△ 韩素云一家在广州中医学院第一附属医院。

稚嫩的小手抚摸着妈妈。倪效武忙着做午饭。

"嫂子，你的病有救了！"听声音这人是边喊边跑来的。

素云急忙支起身子，效武也放下了手中的活。

来人是效武的战友曹丽心。他显得特别激动，一进门就说开了："嫂子，刚才周德国打了个电话来，说是看了《羊城晚报》刊登的你和效武的事迹后，广州中医学院第一附属医院的领导和医护人员都很感动，院长作出批示，要无偿接你去医院治病呢。"曹丽心的话，让效武、素云听得发呆。"还有，听周德国说，医院办公室的一位领导为了找到你们，可费了不少劲，光电话都打了上百个，最后找到了周德国，他让我转告你们，近期做好到广州治病的准备。"

曹丽心连珠炮似的讲完了。效武、素云你看看我，我看看你，脸上、眼里写满疑问，无偿接去治疗？这不会是真的吧？不可能！绝对不可能！

效武对曹丽心说："你再问问周德国，他是不是听错了，世界上哪有这样的好事情，这么重的病，这该给医院造成多大的经济负担呀。"

其实不用曹丽心问，此时的周德国也在想着同一个问题，自己是不是领会错了医院的意思呢？损失金钱帮病人看病，这似乎不是医院愿意做的事情。这事得问清楚。

周德国又专门给张伟程打了个电话。张伟程在电话里向周德国反复解释说，无偿救治军嫂确实会给医院带来损失，但院领导说了，与军嫂为国防事业作出的牺牲和奉献比，医院这点损失不算什么，你们千万不要怀疑医院的诚意。为了使周德国和素云、效武更放心，张伟程还答应，把袁浩教授治疗股骨头缺血性坏死的科研资料、成功病例和获奖证书等材料一并寄给周德国，并让其转给素云和效武。

收到材料后，素云心中又燃起了一些生的希望，效武脸上的愁云也有所消散。但他们心里仍不踏实。按素云、效武的话说，广东是个开放程度最高的省份，不少人都说广州是只认钱不认人的城市，电话里虽然说得很好，一旦我们真去了会是怎样？他们心里也是十五个吊桶打水，七上八下的。

1994年1月19日10时30分，韩素云、倪效武乘坐的南宁至

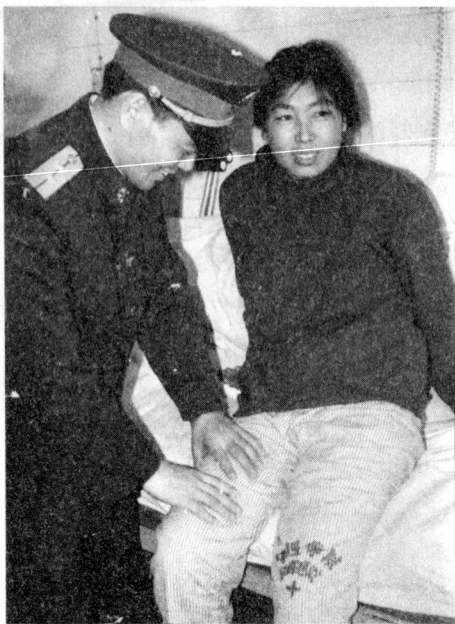

△ 倪效武在广州中医学院第一附属医院病房内为韩素云做腿部按摩

广州的 272 次列车徐徐驶进广州站。

车还没停稳，素云、效武就看到了"接韩素云、倪效武"的牌子，这高高举起的牌子，白底红字，特别醒目。

一群身穿白大褂的人围站在牌子下，他们个个翘首望车，面带微笑。

素云再也抑制不住内心的激动，眼泪夺眶而出，她抓住效武的手摇晃着问："这不是做梦吧！"

倪效武兴奋地搂住素云的肩膀，有些哽咽地说："这不是梦，医院真的派人来接我们了！"

素云、效武刚到车门口，这群人便围了上来，握手、问候、搀扶、提行李……

这想也不敢想的热烈场面，使素云和效武不知所措，受宠若惊。

医护人员簇拥着素云、效武来到了病房门口，素云往里一看，眼睛睁大了：这哪儿是病房呀，电视、空调、沙发、茶几、衣柜、冰箱、鲜花样样齐全。这得花多少钱啊? 素云扯了扯效武的手臂，示意不进去。效武下意识摸了一下口袋，身上仅有的 2000 来块钱恐怕连房费也不够啊！

张伟程猜到了素云、效武的心，安慰说："刘院长出差前吩咐好了，不仅治病的钱不让你们掏，吃饭、住宿的钱医院也包了，你们只管在这里安心治病。"

这时，门口一位面目慈祥、穿着白大褂的老人说话了："闺女，这下你放心了? 快进去吧，这就是你的家。"此人正是袁浩。

直到这时，素云和效武心中的疑虑才全部消除。

他们不会想到，人们也不可能预测到，一部爱的颂歌在刚刚奏完婉转曲折的序曲后，将进入高亢动人的主旋律……

→ 无影灯下的赞歌

☆☆☆☆☆

就在韩素云住进医院的第二天，医院就成立了由院领导牵头，二骨科、医教科、护理科、麻醉科、设备科等有关科室组成的"韩素云治疗小组"。

袁浩教授担任"韩素云治疗小组"的技术顾问，他带领年轻的技术骨干，对素云重新做了全面检查，通过 X 光、CT、ECT 三种仪器检测与临床检查结合得出了结论：

韩素云患双侧股骨头缺血性坏死。左侧股骨头属第三期晚期，已经坏死三分之二，塌陷明显；右侧股骨头属第三期早期，坏死三分之一，伴有轻度塌陷。

院领导和袁教授及手术科室的十几位专家，针对韩素云的病症，研究了整整三个小时，最后制订出了治疗方案：

以中医治疗为主，长期服用"袁氏生脉成骨片"。在此基础上，对比较严重的左侧股骨头施行袁教授独创的"多条血管植入术"，以及"成骨诱导因子"和"头内支架"方法，以缩短康复期。

右侧股骨头暂时采取保守疗法，服"袁氏生脉成骨片"两个月后，视病情发展情况再决定是否手术治疗。

这"袁氏生脉成骨片"，到底是何种灵丹妙药？

"多条血管植入术"、"成骨诱导因子"和"头内支架"，到底又是咋回事？

"袁氏生脉成骨片"，是袁浩教授发掘民间中医药，经四十余年苦心钻研，又经数万例患者临床实践的结晶。主治骨头坏死症、机体器官缺血及感染。主要功效是：促进微细血管向缺血区生长，促进巨噬细胞及骨痂生长，增强机体免疫力。1990年，该药获得广东省高校卫生系统重大科技成果一等奖、广东省科技进步二等奖。

"多条血管植入术"，就是通过手术，把病人坏死的股骨头修整成形，在植入自体松质骨的基础上，将血管束植入股骨隧道内，重建或增加股骨头内血液供应，降低骨内压，改善静脉回流，降低血液在股骨内的淤积状态。由于植入的血管束末端均为原肌肉内的毛细血管，再生能力强，可以从根本上解决股骨头缺血状态，为骨组织修复创造条件。

根据韩素云的病情，应尽快手术，以达到最佳的治疗效果。

在手术前的一次会议上，刘震东把确保手术成功提上了政治高度："广州社会各界对救治韩素云的广泛关注、热情支持和积极参与，给我们增加了无形的压力和巨大的动力，使我们深深地认识到，治好韩素云的病，不仅仅是为了挽救一位军嫂的生命，更重要的，这是人民的重托，医务工作者的责任！对韩素云的治疗，应该用最好的设备，最好的药品，最好的医生，最好的护理，取得最好的成果！"

手术前的各项准备工作紧张而有序地进行着。院领导担心年近七旬的袁教授的身体是否能再做这样一个大手术，袁教授坚持由自己主刀。他在治疗小组会上动情地说："国家是大家的，保卫国防是每个公民应尽的义务，我不能为直接保卫国防出力，但能为军嫂做手术，也算是尽了自己的一点责任吧。"

手术定在 1 月 28 日上午进行。

一大早，刚出差回来的刘震东顾不上休息，就到了手术室，亲自检查了有关麻醉、手术器械、输血等环节的准备工作，他再三叮咛医护人员："要胆大心细，保证手术成功。"为确保万无一失，他指示各科室都要为韩素云的手术开绿灯。

自备发电机轰轰隆隆开起来了，电工们有的看守机器，有的守在配电房里，宁愿让发电机空转，也要保证手术期间供电不中断；水工们坚守岗位，作好了预防手术期间突然停水的各种准备；为了防止术中出现大出血，输血科多备的 800 毫升血浆到了；为了抗术后感染，药房准备了最好的中、西药……

1994 年 1 月 28 日上午 8 时整，韩素云被推进了手术室。

刘震东迎上前去，伏下身轻轻说："小韩，请你放心，我们选了最好的医生、护士为你手术，袁教授亲自主刀。"

韩素云点点头，宽慰地笑了。

68 岁的袁浩教授精神抖擞，带着助手们信步走到了手术台前。

无影灯下，袁教授和助手们站在手术台旁，把韩素云左侧股骨头坏死的部分一点点削掉，从左髋骨处取出一些碎骨，填补股骨头的空隙；再从左腿处分离出 50 多条细小血管，种植到左股骨头里面……

袁教授的额头沁出细细的汗珠，护士们一次又一次地为他擦去……

经过 3 小时 58 分的紧张工作，手术圆满成功，袁教授如释重负，缓缓地舒了一口气，脸上露出欣慰的笑容。助手们也按捺不住内心的激动，微笑着互相点头示贺！可此时的袁教授由于站立的时间太久，的两条腿不停地颤抖着。

当袁教授在两位护士的搀扶下走出手术室时，眼前的景象让他惊呆了，走廊里聚满了焦急等待的人群。袁教授对大家说："手术十分成功！请大家放心。"在场的人都欣慰地笑了，人们轻拍手掌，向袁教授表示祝贺！

刘震东、倪效武等人走上前去，无比激动地握住袁教授的手。

袁教授信心百倍地对效武说："快则半年，慢则一年，素云便可丢掉拐杖，行走自如了！"

效武听了抑止不住热泪盈眶……

韩素云的伤口长达数十公分，缝合了四十多针。这么大的创伤面，术后的护理尤为重要，只有顺利渡过感染关，才有利于术后的康复。为此，医院作出了"史无前例"的决定，护理部成立了"韩素云特护小组"，并向全体护理人员发出倡议：自愿参加，无偿服务，向军嫂献爱心。

△ 1994年3月22日，广州中医学院第一附属医院特护小组的护士陈巧玲扶韩素云到阳台上锻炼

倡议一出，应者云集。第一天就有数十名护士踊跃报名参加，经过护理部精心挑选，特护小组由七名护士组成，24小时轮流守护在韩素云的病榻前。

防止褥疮是护理人员最重要的工作。特护小组的护士们每天都要为素云按摩、擦身子好几次，由于素云不能侧卧，每次都要两名护士配合起来才能完成以上工作，每做一次护士们都是汗流浃背。素云术后身体虚弱，科学安排营养配餐也是大事，见素云还不太习惯吃南方口味的饭菜，她们就根据素云的口味让食堂专门做北方味的营养餐。护士宫玉卓发现素云爱吃粥，就从家里拿了一袋大米和油、盐等配料，给素云熬粥吃……

一周过去了，素云安全度过了感染期。

刘震东院长深深地舒了口气。

袁浩教授一直悬着的心也放下了。袁浩对素云说："你的手术虽然成功了，但这只是万里长征走完了第一步，以后还要不怕痛、不怕累，坚持功能锻炼，才能取得满意的疗效，每个股骨头坏死的病人，术后都应该这样做，并且要在医生指导下进行。"

韩素云点着头，感激地说："俺一定听您的，坚持锻炼，争取早一天恢复。"

笔者到医院采访时，素云刚进入术后恢复期。她每天都在效武和护理人员的帮助下，按照袁浩教授反复交代的方法进行锻炼。看着素云那疼痛难忍的样子和额头上豆大的汗珠，笔者既心疼又敬佩。

➔ 神州大地涌爱潮

☆☆☆☆☆

公正地说，"军嫂爱心献国防，我为军嫂献爱心"的活动，首先是在广西边防某教导队掀起的。当这股如涓涓细流般的爱，流进《广西日报》、《羊城晚报》后，形成了一股爱的热流，这股热流与广州中医学院第一附属医院的爱交汇后，变成了一条爱河，这条爱河与广州市妇联、羊城各界人士、广东媒体、部分中央媒体、广西媒体、山东媒体等许许多多爱的溪流汇集在一起，最终形成了爱的海洋。

神州大地爱潮涌动，"军嫂爱心献国防，我为军嫂献爱心"的活动纷纷展开——

就在素云、效武从广西动身去广州的前几天，医院就在全院范围内组织了一次大型的捐款活动，1000多名职工纷纷加入捐款行列。据张伟程讲，这是医院有史以来规模最大、捐款最多的一次——

刘震东带头捐了100元；

刘震东爱人李雪容捐了200元；

汽车班的11名司机是全院捐款最多的部门，车队长吴辉说："我们大多数都是当过兵的人，最理解军人，理应多作贡献！"

肿瘤科捐款数占全院总数的十分之一，是捐款最多的科室。

设备科张宝良在家里讲起韩素云无私奉献的事迹和医院职工为军嫂献爱心的事后，她11岁的女儿张莹把奶奶给的100元压岁钱交给了妈妈，让她转给素云阿姨，表达了一位小朋友对军嫂的一片心意。

旅港多年的老职工李富强，到医院看望老朋友时，听到了这个消息，当即拿出1000元，以表一位老职工的深情。

在这家医院住院的台湾人蔡老先生，闻知此事后，也加入了捐款行列……

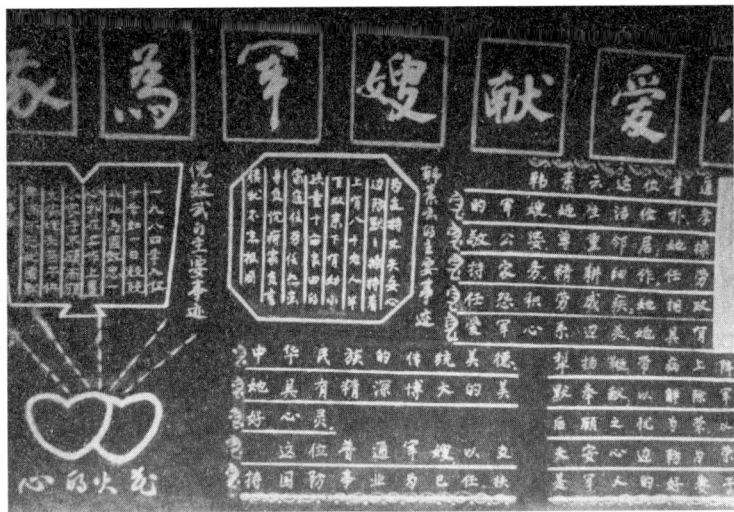

△ 1994年3月18日，笔者在广州中医学院第一附属医院拍下了该院办的一期"大家为军嫂献爱心"的黑板报

素云住进医院的第二天一大早，院领导就来看望了，询问一些情况后，拿出了一万元的"红包"，说："这是我们全院职工的一片心意，请你们收下吧。"

韩素云从没见过这样的场面，一时不知所措地说："俺来看病，自己花钱是天经地义的事儿，你们不仅免费给俺看病，还免收伙食费，怎么还能再要你们的钱呢？"

院领导说："你十年如一日支持丈夫戍边卫国，我们全院1000多名职工都十分敬佩你，爱戴你，收下吧！"

韩素云捧着"红包"，犹如捧着1000颗滚烫的心，眼泪止不住扑簌簌地流下来……

发生在广州中医学院第一附属医院的事，通过广州媒体的传播后，使许多人知道了韩素云和发生在这位来自山东农家女子身边的动人故事，这故事令许多人感动，令许多人叹息，也令许多人伸出了友爱、援助之手……

1994年1月21日，《羊城晚报》头版发表了题为《广州，洒满爱心》的图片新闻，报道了1月19日广州中医学院第一附属医院医护人员到火车站迎接韩素云的消息。

这条消息深深吸引了广州市妇联主席孔少琼。她想，我们妇联的同志应该去探望素云，看看能不能给这位山东来的姐妹一些帮助。

1994年1月24日上午，孔少琼带领市妇联的干

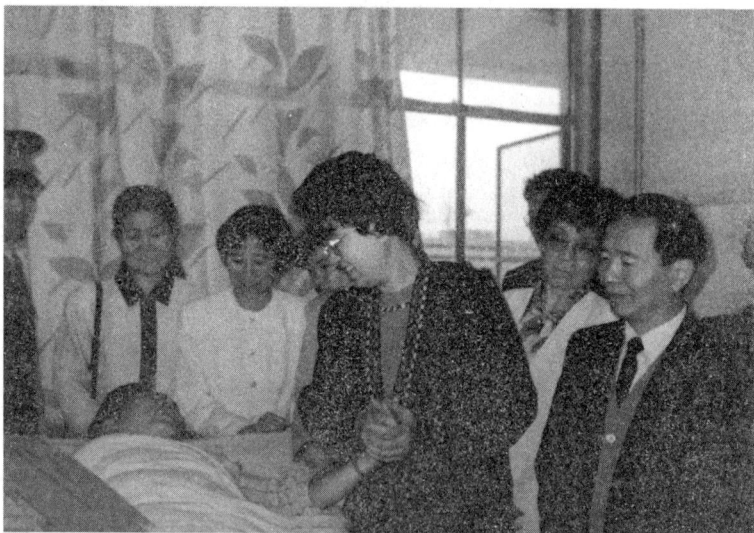

△ 1994年1月24日，广州市妇联主席孔少琼一行到医院看望韩素云。她握着素云的手动情地说："好妹子，广州就是你的家，羊城姐妹都是你的亲人……"

部来到附院，看望素云。她蹲下身子，轻轻抚摸着素云的病腿，眼里含满泪水，深情地说："好妹妹，你吃苦了，广州就是你的家，广州的姐妹就是你的亲姐妹，你有什么难处，我们会帮你的。"

素云望着眼前这位"大干部"，紧张得说不出话来。孔少琼看出了素云的心思，于是用拉家常一样口吻说："素云啊，你不知道，我也曾是一名军嫂，知道当军嫂要比一般女性多一些艰辛。一曲《十五的月亮》为什么唱得人们泪水长流？因为情到深处最感人。记得有一年冬天，我抱着五个多月的孩子去部队探亲，可到部队的当天，部队就要转移，孩子的爸爸只能在卡车上挥动着他那有力的双臂，却帮不上半点忙。塞外寒风呼啸的夜晚，我抱着孩子在火车站的墙角里蹲了一夜。我也不说我们每一个军嫂都是先进人物，但每一个好军官的身后，都有一个好军嫂……"

孔少琼的一席话，说到了素云的心坎上，素云含着泪和这位慈祥的大姐聊起了家庭和边防的事。

孔少琼从院方得知素云的病比预想的要重，医疗费用比预计的10万元还要高时，她对医院领导表示："医院无偿救治韩素云是件大好事，但那么高的医疗费用不能让医院独自承担。我们马上发动羊城的姐妹们'声援'你们！"

事不宜迟，从医院回到妇联，孔少琼就把自己"为素云解困，为医院解难"的想法向姐妹们说了，姐妹们立刻响应。她们商定，以区、县妇联为单位立即行动起来，争取把第一笔捐款在春节前送到素云手中。

1994 年 1 月 25 日，妇联机关召开大会，孔少琼亲自动员，众姐妹积极响应，机关捐了 2452 元。

△ "军嫂爱心献国防，我为军嫂献爱心"的活动迅速在粤桂两地展开。慰问素云的信件越收越多

28 日，全市各区、县妇联主席会议召开，倡议书也同时下发。全市妇联的姐妹们也积极行动起来……

与此同时，孔少琼还亲自与中外合资企业百变欢乐城、登月大酒店的香港商人联系，对方得知是为一位患病的好军嫂捐款，当即各送来了 5000 元。

黄浦区妇联跳出妇联系统，与区民政局联手开展活动，很快筹得善款一万多元。

荔湾区妇联动员的范围更大，给区内的所有企事业单位都发出了倡议书，收到倡议书的单位积极响应，人们纷纷慷慨解囊……

妇联发起的献爱心活动，涉及面广，捐款人多，涵盖了社会的各个层面人士。有党政干部、知识分子、企业老板、个体商户……

善款，像涓涓细流在不断汇聚。

爱心，被千千万万人编成了美丽的花环。

这善款，这花环，不仅仅是献给韩素云的，也是献给所有爱国奉献者的。

应该说，在推动"军嫂爱心献国防，我为军嫂献爱心"活动过程中，作出最大贡献的是新闻媒体。

《广西日报》迅速抽出报道骨干，组成专题报道小组，兵分三路赴广州、广西边防、山东展开了跟踪报道，在一版开辟了"《爱的故事》后续报道"专栏。从1994年3月16日开始，连续推出了消息《本报"爱的故事 掀起爱的洪流"》、《韩素云病情明显好转》；通讯《羊城人心中的韩素云》、《倪效武、韩素云夫妇的情感世界》、《军人的脊梁——再述军嫂韩素云》、《一块共和国的基石——记军嫂韩素云的丈夫倪效武》、《军嫂，一个伟大的群体》等重头文章。到1994年10月止，在不到一年时间内，《广西日报》发表由本报记者采写、拍摄、绘作的通讯、消息、言论、照片、连环画等70多篇（幅），共7万多字（后期转载的文章和通讯员来稿未计）。

《广西日报》的连续报道，在广西范围内再次掀起了"军嫂爱心献国防，我为军嫂献爱心"的热潮。为韩素云捐款的活动首先在广西军区和南宁军分区机关内展开。1994年3月18日，广西军区派出由军区干部处和南宁军分区政治部领导组成的慰问小组赶到广州，向为宣传、救治、关爱韩素云的《羊城晚报》、广州中医学院第一附属医院、袁浩教授、广州市妇联、广州军人服务中心等单位和个人，分别敬献了"爱我长城"、"拥军楷模"八面锦旗。并向倪效武、韩素云夫妇转达各级领导对他们的问候，以及广西军区部队为其捐助的第一批 1.5 万多元的现金。

1994 年 4 月 15 日，广西壮族自治区妇联向全区妇女发出了向韩素云学习的通知。通知要求：要学习韩素云默默无闻作奉献的精神，把祖国的利益摆在高于一切的位置。还要学习她与丈夫互敬互爱，敬老爱幼的高尚情操和传统美德，做自尊、自信、自立、自强的新女性。

1994 年 4 月 16 日，广西军区党委作出决定，号召全区部队、民兵、预备役人员及广大军人家属向倪效武、韩素云学习。决定提出：向倪效武、韩素云学习，就要像他们那样热爱军队，无私奉献；热爱祖国，把祖国的利益摆在高于一切的位置；与士兵情同手足，关心战士的成长进步，认真做好政治思想工作。决定的最后还强调：人民群众给予倪效武、韩素云的关怀，体现了全国人民对边防子弟兵的关怀和爱护，全区部队、民兵、预备役人员及广大军人家属要珍惜人民的爱戴，守好祖国边疆，为保卫祖国、保卫人民、保卫四化建设作出更大贡献！

就在广西掀起向倪效武、韩素云学习高潮迭起之时，《羊城晚报》等广东媒体、山东媒体、中央媒体和众多新闻、出版、文艺单位，又加入了推波助澜的行列。

1994 年 4 月 15 日，《羊城晚报》在头版开设了一个新栏目，为了吸引读者的眼球，他们为栏目取名《一个和千百个》。这个专门用作报道羊城人民为韩素云献爱心活动动态的栏目，开设当天刊登了通讯《滔滔珠水复潮生，载不动，许多情》，把千千万万羊城百姓关心救助韩素云的事迹告诉了读者，接下来，又刊登了通讯《岂因

位卑忘忧国 拼尽微力独持家》，叙述了韩素云爱亲人、爱家庭、爱国家的事迹。随后，又刊登了题为《效武诚效国 志高品亦高》的通讯，讲述了倪效武安心边防，为国防建功立业的故事。这一组文章，把爱国主义的宣传引向了深入。

在长达九个月的时间里，《羊城晚报》共发表有关消息、通讯、评论、图片50多篇（幅），共3万多字。据《羊城晚报》的一位同行讲：对于一个事例，连篇连续宣传这么长时间，投入这么大的热情，开设这么多的版面，引起这么大的反响，是他从来没见过的。

见《羊城晚报》"出尽风头"，广东电视台等媒体也不甘落后，于是纷纷加入报道行列，羊城刮起了"军嫂风"。

《羊城晚报》和《广西日报》派出记者赴山东采访，引起了当地领导和山东媒体的关注。1994年5月初，山东省委宣传部派出的调查人员会同济宁市委宣传的同志一道，深入汶上、梁山两县进行了认真、详细的考察了解。在掌握了大量第一手资料的基础上，即起草了《关于韩素云事迹宣传情况和意见报告》。该报告送到山东省委后，引起了领导的高度重视。

1994年5月中旬，根据山东省委领导的指示，为把韩素云同志的事迹完整准确、生动形象地报道出去，省委宣传部迅速派出由《大众日报》、山东人民广播电台、山东电视台三家新闻单位组成的联合采访组，奔赴汶上县南旺镇十里闸东村和梁山县韩垓乡马店村，采访了韩素云的婆家、娘家和乡亲，接着又赶赴羊城，采访了正在医院接受治疗的韩素云，以及广州中医学院第一附属医院的领导和有关专家，随即又赶往广西边境采访了倪效武所在部队的官兵。

山东记者在两广期间，深深被韩素云的事迹和两广人民为救治好军嫂作出的无私奉献精神所感动。文字记者边采访边写稿，摄像和录音记者思考着剪辑等细节……

从 1994 年 5 月 30 日起，《大众日报》在头版头条位置陆续推出长篇通讯《好军嫂韩素云》和《人间爱洒韩素云》；与此同时，山东人民广播电台连续播出了介绍韩素云事迹的录音通讯《情系共和国长城》；山东电视台也连续播发了几组专题报道。随后，这些报道被山东全省的各种媒体刊登、播出，宣传学习韩素云的高潮在齐鲁大地掀起。

山东的"为军嫂献爱心活动"，最早在汶上、梁山县展开。在汶上县召开的学习动员大会上，县几大班子的领导现场带头捐款。

南旺镇的 500 名师生和 800 名群众参加了学习韩素云大会，会后进行了捐款。

十里闸东村 74 岁的张继青老人，拄着拐棍送来了 50 元钱，她擦着眼泪说："如果不是腿脚不方便，真想到广州看看俺那好闺女。"

汶上县疃里小学 300 名刚戴上红领巾的少先队员，踮着脚尖把自己平时积攒的零花钱投进了捐款箱。

郭楼乡张坝村抗美援朝的老兵王新英，步行十多里赶到乡政府，把自己刚领的优抚金全部捐了出来……

△ 1994年9月，韩素云出院后与丈夫倪效武回到广西边防某部教导队

　　在不到一个月的时间里，全县就为韩素云捐款5万多元。

　　为了帮倪效武、韩素云解除后顾之忧，仍不富裕的县、乡、村三级共筹资5万多元，为韩素云婆家盖了7间瓦房；南旺镇组织医务人员为韩素云公婆免费体检，治疗疾病；县民政局还帮助韩素云家偿还了治病的欠款……

　　在韩素云的家乡梁山县，也掀起了"向咱闺女学习，向咱闺女献爱心"的活动，一笔笔捐款如涓涓细流正在汇集……

　　1994年5月中旬，济宁市慰问团一行13人代表家乡人民专程赶到广州中医学院第一附属医院，看望

△ 1994年9月，韩素云康复出院，刘震东院长（左一）、广州市妇联主席孔少琼（左二）、袁浩教授（右二）为韩素云送行

韩素云，并将 6 万元捐款送到韩素云手中。

慰问团成员行前还拍摄了一组照片，这些照片有家乡亲人的，也有反映家乡人民"献爱心"活动内容的。听着久违的乡音，看着熟悉的画面，韩素云的热泪夺眶而出……

随后，济宁市慰问团以中共济宁市委、市政府、军分区的名义向广州市和《羊城晚报》等单位赠送了锦旗和金匾，感谢羊城人民和新闻单位为韩素云所做的一切。

粤、桂、鲁三地众多媒体的连续报道，在全国新闻界引起了一系列连锁反应。许多报刊闻风而动，纷纷加入宣传报道行列。

1994 年 10 月，由解放军总政治部牵头，新华社、

《人民日报》、《解放军报》、中央电视台、中央人民广播电台等7家新闻单位组成的记者采访团，先后飞往山东、广东、广西进行了二十多天的采访，黄齐国、王登平、贾永、刘建新采写的内参《"好军嫂"事迹在鲁粤桂引起强烈反响》，刊登在新华社《国内动态清样》第3342期上，中共中央政治局常委、书记处书记胡锦涛同志在这期的《清样》上作了重要批示："韩素云同志事迹感人，请全国妇联商有关方面予以表彰，并宣传她爱国家、爱军队和爱家人统一起来的崇高精神，以弘扬中华民族的传统美德。"

⊙→ "军嫂"美称始流行

☆☆☆☆☆

过去，部队里把军人的妻子或丈夫称作"家属"，把随军之后的军人妻子或丈夫称作"随军家属"，地方上则统一称作"军属"。在宣传韩素云的第一篇文章《爱的故事》里，使用了"军嫂"这个美称。从那时起，这个含有美丽、善良、勤劳、朴素、奉献、爱国、爱军内涵的"军嫂"美称，开始流行于世。这个美称是对伟大的军人妻子群体的褒奖！

1995年1月27日，《解放军报》第七版发表了诗人高吉全写的抒情诗《你好，军嫂》，这是对千千万万军嫂无私奉献精神的礼赞——

不知何年何月，

五千年汉文化的长河里，

融入了这样一个词汇——

军嫂。

是时代的节拍合着你的脉跳，

还是战士在领受了严峻生活的

滋味后

需要你的微笑？

是祖国没有忘记你的辛苦，

是军营惦记着你的功劳，

还是你对军营丈夫的感召？

总之，

军嫂这个称号，

已经大模大样地走上了生活的

舞台，

这，应当是军人妻子的自豪。

你甘愿长久的别离

孤独寂寞，苦苦等待，

因为你知道，

这是军营壮丽交响乐的需要；

你柔弱的双肩勇敢地挑起了
本属于丈夫的重担,
因为你知道,
那是共和国嘱托给你的
一份荣耀。

你像一首充满柔情的歌谣,
伴随丈夫强劲节律
飘向天涯海角；
你像清澈纯净的潺潺流水,
把山一般高大、松一般翠绿的
军营环绕；
你像一面明亮的镜子,
把军人的无私
军人的奉献
军人的价值
向社会作真实的反照。
你像一面鲜艳的旗帜,
向人们展示着心灵的崇高。
军嫂啊
你的辛劳,
减去军人的重负和烦恼。
你的全部爱
支撑起军人的尊严和骄傲。

让我们用军人的坦率

表达心曲：

军嫂，你好，

你好，

军——嫂——！

→ 齐鲁大地出"名嫂"

★★★★★

山东人称自己亲哥哥的媳妇为嫂子，称社会上已婚中青年妇女为"大嫂"。

"山东大嫂"是外省人对山东已婚中青年妇女的美称。追溯此称的起源，还得从抗日战争说起。

1937年七七卢沟桥事变后，为了领导和支持山东军民的抗日斗争，党中央、毛主席先后把许多八路军、新四军派到山东，并在山东成立了抗日军政大学。这些来自全国多个省份的外地人到了山东之后，与山东人民紧密地结合在一起，同甘共苦，同生共死，并肩战斗，浴血奋战，使山东这片被日寇铁蹄蹂躏的重灾区，变成了抗击日寇、消灭口寇的主战场。解放战争时期，人民解放军华东野战军转战在山东，与山东人民一道粉碎了国民党军队的"重点进攻"。中原野战军跨过黄河，又与山东人民一道，取得了鲁西南战役的伟大胜利。在此后的淮海、渡江等重大战役、战斗中，山东人民均作出了巨大奉献和牺牲。

在持续十多年的抗日战争和解放战争中，外省人与山东人结下了深厚的友谊。他们在赞美山东人的同时，更赞美他们称之为"山东大嫂"的那个伟大群体。他们以为，这个群体至少有三个方面的优点——

第一，吃苦耐劳，克勤克俭。旧社会，山东省连年闹灾荒，旱、涝、风、沙、碱、虫、疫多灾肆虐。再加上战争频繁，政治黑暗，劳动人民难以养家糊口，没有出路时便闯关东。在这样一个恶劣的环境下，"山东大嫂"茹苦含辛，任劳任怨，成为中国妇女中最有耐力、最有韧性、最少享受、最能奉献的那类人。

第二，善良质朴，温柔贤惠。山东是孔孟之乡，是齐鲁文化的发祥地。齐鲁文化起于春秋时期，从姜太公、周公，到孟子、墨子、管子、孙子，形成了一整套修身齐家治国平天下的理论。汉武帝时，罢黜百家，独尊儒术，孔孟思想便成为全国封建思想的道德基石。近水楼台先得月，孔孟思想影响了山东人，尤其是山东妇女。那些作茧自缚的"山东大嫂"们，人人都是传统美德的实践者。

第三，爱国爱乡，同仇敌忾。早在明清时期，山东就是倭寇侵略的目标。1840年鸦片战争后，山东又成为帝国主义列强侵吞、掠夺的重点地区。1928年5月，日本派海军陆战队进驻济南，阻止蒋介石率领的北伐军北伐，一天之内杀害山东军民数千人，强奸山东妇女数千名。1941年，日寇在沂蒙山区实行了"铁壁合围"拉网式扫荡，杀害和抓走我干部群众1.4万余人，抢走粮食160余万斤，牲口家禽不计其数。1942年冬，日寇利用同样的战术，大举扫荡胶东地区。投降派赵保原特务团一个营长在日记里是这样记叙那次扫荡的："所到之处席卷一空，妇女为之奸，壮丁为之捆，东西为之光……"所以，一提起帝国主义、日本鬼子、反动派，山东人民尤其是山东妇女都恨得咬牙切齿。那些"山东大嫂"们虽然少有机会上前线直接杀敌，但她们对前线的支援，对革命战争的贡献，并不亚于在前线英勇杀敌的男子汉。

"山东大嫂"的这些优点，引起了文艺工作者的注意。作家刘知侠创作的长篇小说《铁道游击队》中塑造了芳林嫂的形象。这个丈夫被日本鬼子害死，带着女儿在苦海里挣扎，后自觉加入抗日队伍的普通农村妇女，是"山东大嫂"的一个缩影。该小说被拍成电影、电视剧后，芳林嫂的形象更是家喻户晓，深入人心。刘知侠的另一部小说《红嫂》，塑造了用自己甘甜的乳汁救伤员的"山东大嫂"原型明德英。《红嫂》被改编成吕剧、京剧和拍成电影后，《红嫂》红遍了中国，那段核心唱段"蒙山高，沂水长，我为亲人熬鸡汤。续一把蒙山柴炉火更旺，添一瓢沂河水情深意长"，更是脍炙人口，至今仍被千百万人传唱。

看过《红嫂》小说或电影、戏曲的许多八路军、新四军和解放军老战士，因为自己曾在山东战斗过，也有被"山东大嫂"用乳汁救活的经历，故都以为那位伤员就是自己。于是，便纷纷回到沂蒙山区找"红嫂"，结果找出了四十多位。

新中国成立初期，为了稳定西北，巩固国防，中央决定从山东征集 8000 女兵。满怀报国激情的山东姑娘踊跃报名。这 8000 名年轻漂亮且有文化的山东姑娘辗转到达新疆后，先是适应恶劣的自然环境，接着就是服从组织分配组建家庭，最后都成了"兵团大嫂"。山东省吕剧院院长、著名编剧刘桂成赴新疆考察期间，被这批"兵团大嫂"的事迹所感动，归来后一气呵成，创作了一个剧本《补天》。

补天者，既补祖国边陲之天，又补军人家庭之天。这出戏在山东、新疆、北京等地上演时，场场爆满，观者无不眼泪洗面，被评为全国的戏曲精品。

与"兵团大嫂"有些相似的，还有胜利油田的"石油大嫂"。在建设中国第二大油田大庆油田的过程中，她们与丈夫一同睡地窖，喝碱水，垦荒种地，支持油田开发。

"石油大嫂"与"兵团大嫂"之所以有些相似，是因为她们为了祖国的社会主义建设，都是"献了青春献子孙"的那一代人。她们为"山东大嫂"这个伟大群体增光添彩。

时光荏苒，到了上世纪 70 年代末与 80 年代初，正当市场经济体制促进生产力发展，社会追求利益最大化，人们的传统美德思想受到挑战之时，涌现出了"好军嫂"韩素云这个时代典型。继韩素云之后，山东又涌现了一大批"好军嫂"。其中一位被人们尊称为军嫂楷模的代表人物叫王惠萍，为支持丈夫工作，她辞掉公司销售部主任职务，毅然随军当家属、做家务。在身患肺癌的情况下，仍自强自立，奋发向上，不但以优异成绩完成了大专、本科学业，还做了很多尊老爱幼、助人为乐的好事。

直到这时，人们才恍然大悟，原来齐鲁大地上的"好军嫂"是成千上万个军人妻子组成的优秀团体。她们是革命战争年代"山东大嫂"的延续，她们是新时期发展提高了的"山东大嫂"。为了表彰这些品德高尚而默默无闻的"好军嫂"，山东省妇联连续五次在全省开展了"十佳好军嫂"的评比活动，这些千里挑一、万里挑一选出的代表，个个都是人们学习的榜样。

有数字为证，进入20世纪90年代以来，在全国范围内开展的"拥军优属、拥政爱民，共建社会主义物质文明、精神文明"活动评比中，山东都是得奖牌最多的省份。

"山东大嫂"名不虚传！

齐鲁"名嫂"誉满天下！

事迹报告撼中国

→ "军嫂"一行赴北京

★★★★★

胡锦涛同志批示不久，解放军总政治部联合中宣部、全国妇联决定于 1995 年 1 月上旬，在北京举行"韩素云爱国拥军先进群体事迹报告会"。1994 年 12 月下旬，来自山东、广东、广西的报告团成员汇聚北京。

《广西日报》的几位特派记者是 1995 年 1 月 2 日到达北京的。为方便采访，记者通过熟人，在报告团住地——总政西直门宾馆内勉强找到了一间住房。事实证明，这个决定实在是高!

因为报告团有个规定，在元月 4 日以前，对报告团成员一律"密封"，不准新闻记者采访。这规定让首都新闻界的同行们吃了不少"苦"，"采访韩素云难"成了同行们最大的"苦衷"。

还是熟人好办事。住进宾馆的当天，我们就打听到了韩素云和倪效武住的房间，效武一打开门，就惊喜地大声说："啊，是《广西日报》记者

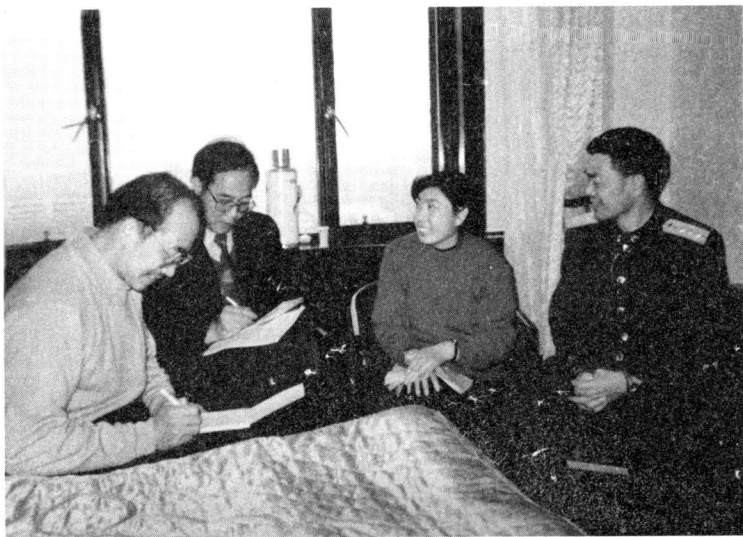

来了!"韩素云急忙站起,握住我们的手激动地说:"看见你们,就像看见了广西的亲人,真是太高兴了!"简短互问后,我们转入了正题。当谈到即将向首都人民作报告的事时,效武、素云夫妇心里显得很平静。他们说:"我们只是尽了一个军人和军人妻子应尽的责任,党和人民却给了我们许许多多的关心和荣誉,这份情,就算再干几辈子也报答不完。"他们还说:"在祖国的千里边防线上,驻守着成千上万默默奉献的军人。在军人的背后,还有一大批为支持丈夫守边卫国,无私奉献的军嫂。他们都是真正的英雄,是我们学习的榜样。"

临别时,记者请素云夫妇对广西人民讲几句心里话。效武说："我在广西边防部队生活、工作了17年，对广西的情感比对家乡还深，这情谊是在生与死，血与火的考验中凝成的，此时此刻，我更想念他们。请你们通过《广西日报》转达我对广西边防部队指战员的亲切问候和节日祝贺！"素云接过话题说："我也要衷心感谢广西的军嫂姐妹们对我的关心和帮助，并祝福每位军人的家庭新年快乐、万事如意！"

采访一结束，我们便立即赶写了一篇《"军嫂"在北京》的新闻特写。稿子在1995年1月4日《广西日报》一版"《爱的故事》后续报道"栏目刊出。事后经过了解，这篇稿件真的是独家新闻。

➡ 首场报告获成功

★★★★★

作为随团记者，笔者有幸跟随报告团参加了许多活动。虽然事过多年，但那一幕幕令千千万万人感动、落泪的场面，至今仍历历在目。

1995年1月4日上午的报告会，是韩素云在

△ 1995年1月4日，韩素云爱国拥军先进群体事迹报告会在总政治部黄寺礼堂举行。可容纳1300多人的大礼堂座无虚席

北京向记者正式"亮相"的日子。报告会上午9时在总政黄寺礼堂举行，为保险起见，我们在7时30分就"打的"赶到会场，满以为是最早到达的记者，可进会场一看，首都许多新闻单位的记者早在那里忙开了：拉线路、搭架子、作录像录音准备等。会议还没开始，留作记者席的左边几排座位首先满员，稍迟来的记者只好站着旁听。

8时许，解放军三总部、驻京各大单位、武警总部的官兵和全国妇联机关、妇女管理干部学院的干部、职工陆续进场，1300多个座位的大礼堂挤满了人。

9时整，报告会开始。当韩素云拄着双拐走上报告台时，雷鸣般的掌声响起。摄影、摄像记者争先恐后冲上前去抢镜头，拍录像，文字记者急忙起身，边看场面边做笔记。

韩素云《爱家爱军爱国　当好军人妻子》的报告开始了。随着报告的进展，记者们被"军嫂"的感人事迹所打动，不少人眼里闪出了泪花。我们几个从广西来的记者，虽然多次采写过"军嫂"，但此时的情感也难以自控，不知是哪家报纸的记者，首先发现这个"新闻"，把照相机的镜头对准我们，接着，几架摄像机也纷纷转了过来。一位同行听说我们是

△ 1995年1月4日，倪效武作《加倍报效祖国，慰藉国人家人》的报告

△ 抽泣声和掌声连成一片，把报告会一次次推向高潮

《广西日报》的记者，马上伸出大拇指夸赞："军嫂这
个典型好。"

　　韩素云的报告刚结束，震耳欲聋的掌声再次响
起。紧接着，倪效武作了《加倍报效祖国　慰藉国
人家人》的报告，南宁军分区政委刘人杰作了题为
《军嫂固长城　人民是靠山》的事迹报告；还有广州
中医学院第一附院、《羊城晚报》、山东省汶上县等
单位的代表在会上发言。他们以朴实生动、情景交
融的感人事例，向人们诉说着一个个感人肺腑的爱

的故事，弘扬了中华民族的传统美德，弘扬了爱国奉献的精神。

报告引起了轰动效应，从老将军到士兵，从年迈的老干部到青年学生，无不为报告团的感人事迹而动容，抽泣声和掌声连成一片，把报告会一次次推向高潮。

中场休息时，笔者跟着报告团成员走进了休息室。中央军委委员、总政治部主任于永波上将正巧也在，当陪同的一位同志把笔者介绍给他时，于永波高兴地握住笔者的手说："我以前在广州军区工作过，听说你也是从广州军区直属队转业的，你这个老兵干得好！"笔者说："谢谢首长鼓励，这是我应该做的。"

报告会的下半场是领导讲话。于永波在报告会上说，韩素云是新时期军人妻子的榜样，体现了爱亲人、爱家庭与爱军队、爱国家的完美统一，在她的身上不仅可以看到一个中华民族女性勤劳、坚强、善良、贤惠的传统美德，而且可以看到当代军人妻子的良好精神风貌。正因为有千千万万个韩素云这样的军人亲属，广大官兵才能安心服役、献身国防，我们的长城才更加巩固。韩素云爱国奉献的崇高品德，倪效武矢志不渝的奋斗精神，粤桂鲁人民群众热情救助韩素云的动人情景，充分反映了爱国主义精神的巨大感召力，反映了中华民族传统美德的强大生命力，也反映了军政军民团结的伟大凝聚力。我们的时代需要千千万万个像韩素云这样心系国家安危、全力支持亲人卫国戍边的好军属，也需要千千万万个救助韩素云这样关心、支持国防建设的先进群体。

于永波还说，韩素云先进群体所展示的思想内涵是多方面的，但集中到一点，就是爱国奉献。向韩素云先进群体学习，最重要的就是学习他们这种爱国奉献精神，这种精神是凝聚我们中华民族的伟大力量，是我党我军的优良传统。最近军委江主席明确指出，必须高度重视军队的思想政治建设，把它摆在全军各项建设的首位。韩素云先进群体的动人事迹和所表现出的崇高思想品德，为我们加强部队的思想政治建设提供了十分宝贵的教材。全军各级党委和政治机关，要充分认识韩素云先进集体的时代意义，运用各种手段大力宣传他们的事迹，使之深入人心。要把这次学习活动同学雷锋、苏宁、徐洪刚等英雄模范结合起来，同学习本单位的先进典型结合起来，同开展军民共建和双拥活动结合起来，教育广大官兵进一步增强光荣感、使命感，全面加强部队建设，把我军的革命化、现代化、正规化建设提高到一个新水平。

△ 韩素云爱国拥军先进群体的事迹报告引起了轰动：从老将军到士兵，从年迈的老干部到青年学生，无不为报告团的感人事迹而动容

出席报告会的中宣部副部长刘云山也作了重要讲话。刘云山说，当前，按照党中央的部署，全国正在深入开展爱国主义教育。爱国主义历来是推动祖国历史前进的力量。什么是爱国主义的具体体现？一个普通人怎样做才是爱国？韩素云以自己的行动给我们作出了很有说服力的回答。刘云山还说，以高尚的精神塑造人是宣传战线的光荣任务，在宣传韩素云、救助韩素云、宣传韩素云先进群体的过程中，宣传战线的同志做了大量工作。他希望新闻、文艺工作者以饱满和深厚的感情去发现、去宣传这样的先进人物和群体，使他们的精神在全社会发扬光大，蔚然成风。

全国妇联副主席、书记处第一书记黄启璪在会上宣读了全国妇联授予韩素云全国三八红旗手荣誉称号的决定。

报告会取得圆满成功。

国务委员、国务院秘书长、全国双拥工作领导小组组长罗干，在接见报告团成员时说："我昨天出差途中在飞机上认真仔细地看了报道，韩素云把关心亲人、支持丈夫卫国戍边与爱祖国、爱军队、爱亲人很好地统一起来，平凡的事迹中表现出高尚的思想境界和感人的美德。广东、山东、广西三省区军民为救助韩素云表现出良好的道德风尚和热爱人民军队的高尚情操。我们要大力宣传推广这样的双拥典型，进一步推动全国双拥工作，增强军政军民团结。"

第二天的《人民日报》、《解放军报》、《光明日报》、《中国青年报》等首都各大报纸都在头版位置刊登了长篇通讯，并配发了评论员文章，中央人民广播电台、中央电视台也进行了连续报道。当天的《广西日报》不但在一版头条位置发了笔者与人合写的报告会消息，还发了一篇新闻特写《韩素云向记者亮相》，三版原文转载了新华社播发的长篇通讯《爱的礼赞》。各省级以及许多地市级媒体也纷纷转载、转播。"好军嫂"韩素云名扬神州。

一些国际舆论对韩素云的宣传也表现出极大的关心，美联社发表文章，称韩素云是"无私的军嫂"，是"中国政府表彰的一系列先进人物中最新的一位"。朝日新闻及港、澳、台的一些报纸，也分别发表了专稿。澳大利亚悉尼晨报驻京记者得知韩素云在北京的消息后，与外事部门联系，请求采访韩素云。

→ 首都劲刮"军嫂风"

☆☆☆☆☆

报告团在京的活动一场接着一场。

1995 年 1 月 5 日上午，北京街头寒风呼啸，而北京市西城区柳荫街一带却热气腾腾。上午 8 时 30 分，载着韩素云爱国拥军先进群体事迹报告团成员的专车徐徐开进柳荫街，顿时，掌声、鼓声四起，彩带、彩旗飞舞，一下就把报告团成

△ 1995年1月5日，全国妇联主席陈慕华接见韩素云，并向韩素云颁发了"全国三八红旗手"荣誉证书。如母女般的相会场面令素云和在场者难忘

员淹没在欢乐的海洋中。

报告会开始时，西城区区长王长连首先宣布授予报告团全体成员为"柳荫街荣誉居民"称号的决定，区委书记李炳华代表柳荫街军民共建领导小组，当即向报告团成员颁发荣誉证书。为了方便韩素云治病，柳荫街军民共建领导小组还向她捐赠了一万元现金。在全场近千军民的热烈掌声中，报告团的全体成员正式成为柳荫街的"新居民"。

报告会结束后，新老居民仍依依不舍，情意融融。他们在写有"同呼吸、共命运、心连心"的大红横幅下，留下了难忘的"合家欢"。

5日下午，笔者跟随报告团成员来到了全国妇联大楼的会议室。这里发生的事令在场者均感到难忘和温馨。3时整，全国妇联主席陈慕华微笑着走进会议室，她说的第一句话是："你们是全国妇联1995年接待的第一批尊贵客人！"因身体原因已落座的韩素云急忙站起迎接，陈慕华上前两步扶住韩素云亲切地说："你不方便，就坐这儿吧。"陈慕华那时的说话神态，就如母亲对女儿一般。

陈慕华挨着素云坐下后，全国妇联副主席黄启璪请素云讲几句话。素云试着想站起来，陈慕华再次关切地说："你不要站起来，坐着说。"

素云眼眶里闪满泪花。好似女儿见娘般说："我是个普通妇女，做了该做的事，党和人民给了这么多

△ 1995年1月6日上午，在天安门城楼前，素云、效武同报告团成员山东省汶上县宣传部长马书轩（左一）合影留念

荣誉，我感到很不安……"

陈慕华侧着身，用慈祥的目光一直望着素云。

听完素云的话，陈慕华抬起头沉思了一会儿说，我很高兴在这里接待你们这样高贵的客人。昨天的报告会我没参加，但电视、报纸我都看了。你们爱国防、爱军队的高尚精神和高尚品德对我也是个教育。陈慕华还说，我国是个大国，需要有一个安定的环境，军人担负着重要责任，需要人民和后方的支持。我们为有你这样的军嫂感到光荣，希望今后有更多这样的军嫂。

接见期间，陈慕华把"全国三八红旗手"的荣誉证书送到韩素云手里，接着，她又把自己带来的礼品：毛衣、围巾、书包、衣服等一一交给素云，说："这是给你的，这是给你公婆的，这是给你小叔小姑的，这是给你女儿的……"素云用颤抖的手接着这些礼品，泪水夺眶而出，连说："谢谢，谢谢主席！"陈慕华连忙拉住素云的手动情地说："你生活得不容易呀！你还年轻，要安心养病，尽快恢复健康。"

告别时，陈慕华拉着素云的手叮嘱："先养好病，今后还要争取时间学习，要不断提高自己各方面的水平。"

素云点着头答道："好，我一定做到！"

到天安门广场看升旗，是素云梦寐以求的事。为了帮素云圆梦，总政有关部门为报告团成员安排了看升旗的活动内容。

1995 年元月 6 日凌晨，天安门广场仍是华灯一片，我们同全国各地赶来看升国旗仪式的人们一样，老早就赶到天安门广场，焦急地等待着那激动人心时刻的到来。

7 时 15 分，军嫂韩素云和丈夫倪效武等爱国拥军报告团成员，

在国旗班卫士的引导下，来到旗杆前。旁边一位大姐首先喊出："是军嫂韩素云！"人群立即"军嫂！军嫂！……"地传出一片呼应。

身穿军用棉大衣的韩素云，激动地转动轮椅，来到人群中和大家握手致谢。两位来自南京的妇女握着素云的手说："我们也是军嫂，昨晚从电视上看到你的事迹，很受感动，你真是我们的好榜样。"素云说："我们都是军嫂，所承担的责任也是一样的。"

7时36分，升旗仪式正式开始。素云望着冉冉上升的五星红旗，泪水像串珠似的往下淌。升旗仪式后，素云对记者说："五星红旗就像从我心中升起，也将永远在我心中飘扬。"

应天安门国旗班的特别邀请，韩素云、倪效武等来到天安门城楼内的国旗班驻地做客。几位战士看到素云到来都非常激动，他们庄重地向军嫂行军礼。一位战士动情地说："嫂子，你使我们子弟兵感到特别骄傲，我们一定要好好保卫国旗，报答嫂子的爱。"

倪效武看着"护卫国旗，重于生命"的标语深情地说："我们边防战士在祖国南疆守卫国门，保卫国旗；国旗卫士们是在祖国首都维护国家尊严，保卫国旗。我们都是为了要让五星红旗在祖国上空永远飘扬，高高飘扬！"素云与在场者听了连连点头。

这时候，国旗班指导员谢非把事先准备好的一面国旗庄重地赠送给军嫂。他说，这是我们国旗班送给嫂子的一份礼物，素云俯下身去，激动地把脸庞紧紧地贴在国旗上。

这天下午，报告团来到国务院机关事务管理局礼堂，为中央国家机关工委、国务院办公厅、国家体改委等14个部委作报告。

到会听众达2000多人，礼堂爆满，原先安排在前排的武警官兵主动让出座位，席地而坐，许多挤不进礼堂的人们干脆站在院外的大喇叭下听报告。北风呼啸，寒气袭人，整整两个小时，竟无一人提前退场。

85岁高龄的老红军邓六金听完报告后仍站在院里等韩素云，当看到韩素云时眼泪直流，嘴唇颤动了很久也说不出话。她拉着韩素云的手平静了好一会儿才说："在两万五千里那艰苦的日子里，我都从来没流过眼泪，只是在毛主席逝世时，我流过一次眼泪。我从电视上、报纸上看了你的事迹，太好了。今天赶来就是想听听你的报告，看看你这位好军嫂，说上几句心里话……你是军嫂的骄傲，是时代女性的楷模！"

韩素云将一束鲜花献给这位受人敬重的老人，激动地说："光荣属于全体军嫂，属于为我们作出榜样的革命老前辈！"素云丢掉拐杖，与这位革命的老妈妈紧紧拥抱。

1995年1月7日上午的报告会场面最壮观，百余位将军在国防大学礼堂等会"军嫂"。当好军嫂爱国拥军先进群体事迹报告团走向主席台时，雄壮的声音响起："军队向前进，人民是靠山！"指挥员一声令下，台下的100多名将军齐刷刷举起右手：敬礼，军嫂！敬礼，人民！

报告团成员的报告令国防大学校长朱敦法上将心潮难平。战争年代，将军转战齐鲁，至今仍记得当年人民群众对子弟兵的深情。他握住韩素云的手说："你的事迹像红嫂一样感人。你们这种爱国拥军的崇高精神永远是中华民族的希望所在，永远是支持我们这支军队的基石。"

来自南海的将军学员王世文代表守卫祖国南部海疆的官兵，向关心救助和为军嫂治病的代表团成员致礼。他说，我们虽然远隔天涯海角，但无时无处不感受到祖国人民的关怀，广州人民热心救助军嫂关心国防的行动使我们更加坚信：改革越发展，祖国越繁荣，人民军队的靠山就越牢固!

韩素云爱国拥军先进群体的事迹报告，使徐作旭少将几次落泪。这位来自青藏高原的将军学员，最清楚军嫂的奉献对军人的鼓舞有多大。面对眼前这位优秀军人妻子的杰出代表，千言万语汇成一句话："谢谢! 谢谢!"

国防大学政委李文卿上将和将军们一起与报告团成员依依惜别。

他说："你们是军人的骄傲，是人民的骄傲! 我为你们献束花，感谢你们，也感谢所有关心我们这支军队的人们!"

他郑重地把一束鲜花献给代表团。

1995 年 1 月 9 日上午，韩素云到毛主席纪念堂瞻仰了毛主席遗容；10 日上午，报告团成员前往武警总部，为 1000 多名武警官兵作了一场精彩报告；下午，报告团赴八一电影制片厂，与著名演员田华等老一辈表演艺术家和年轻演员们举行了联欢……

1995 年 1 月 11 日中午，解放军总政治部在北京西直门宾馆举行授匾仪式，总政副主任徐才厚中将代表总政治部将五块写有"爱国拥军 情系长城"的画匾分别赠送给《广西日报》，广州中医学院

△ 1995年1月10日中午，在北京西直门宾馆，解放军总政治部副主任徐才厚代表总政将一块写有"爱国拥军 情系长城"的画匾赠送给《广西日报》，以表彰《广西日报》在宣传"好军嫂"，弘扬爱国奉献，促进社会主义文明中所作出的贡献。《广西日报》记者张承工（右一）、陈富贵（中）接匾

第一附属医院、广州市妇联、《羊城晚报》、山东省汶上县，以表彰五个单位在宣传、救治好军嫂，弘扬爱国奉献，促进社会主义精神文明建设中所作出的贡献。

　　"好军嫂"的几场报告感动和吸引了京城各界，邀请报告团作报告的单位多达十几家。为了减少素云的活动量，有关部门只能把活动场次压到最低限度。即便如此，数不清的电话仍是一个接着一个打来，送花、送礼品的人们一批接着一批赶到。人们以不同的方式表达对爱国拥军先进群体的敬意。

北京的活动结束后，报告团一行又匆匆忙忙赶到了济南、上海、广州、广西，分别作了多场激动人心的报告。所到之处，均受到人民群众的热烈欢迎。

韩素云爱国拥军先进群体的事迹报告，撼动了中国。

→ 亮相春晚不寻常

★★★★★

在 1995 年 1 月 26 日首都军民举办的迎新春大型文艺晚会上，有这样一个令亿万观众感到意外但却十分难忘的场面：写真表演《军嫂的故事》上演了，韩素云、倪效武、刘震东和报告团的其他成员成了真正的角色，演员们把韩素云爱国拥军先进群体的事迹艺术地展现在了舞台上，许多观众流下了激动的眼泪。作为节目组成部分，表演一结束，报告团成员被请上了舞台，全场报以热烈的掌声，把这个节目的表演推向了一个高潮。

对于韩素云和报告团的其他成员来说，演出前党和国家领导人的接见，是他们一生中最幸福和终生难忘的时刻。

19 时 20 分，江泽民、李鹏、乔石、李瑞环、刘华清、胡锦涛等领导同志迈着稳健的步伐走进剧院休息室，他们微笑着、亲切地与报告团的同志一一握手。

当总政治部主任于永波向中央领导同志介绍好军嫂韩素云时，江泽民微笑着说："我早就知道你了，现在是一见如故，你的事迹很感人。"

韩素云握着江泽民的手，激动地说："感谢总书记，感谢党，感谢全国人民！"

接着，江泽民又握住倪效武的手，赞扬道："你有一个好妻子，有一个幸福的家。"

倪效武此时此刻的心情格外激动，他发自心底地说道："感谢党和人民！"

紧挨着倪效武的是刘震东，当江泽民听于永波介绍这位是来自医院的代表时，江泽民握住刘震东的手说："你们医院做了一件大好事。医院就应该是这个样子，就要抓精神文明建设。我们就应该抓好精神文明建设。"

江泽民来到孔少琼面前时，孔少琼激动地说："总书记，我代表广州市 300 万妇女向您问好！"

江泽民微笑着赞道："广州市妇联的工作做得好，你们为救助军嫂做了大量的工作。"

当江泽民来到马书轩面前时，马书轩说："总书记您好，我代表家乡人民给您拜年！"

江泽民握着马书轩的手说："你们培养了一个好典型，你们做了大量的工作。"

中央领导同志与报告团成员一一握手后，江泽民发表了热情洋溢的讲话。他说："今晚见到同志们，我们很高兴。你们这个先进群体的模范事迹，在全国引起了很大反响。韩素云的事迹，既体现了崇高的爱国主义情感，又体现了中华民族的传统美德，是传统美德与时代精神的结合，把爱亲人与爱军队、爱国家很好地结合起来。韩素云同志的事迹也说明崇高的思想品德往往表现在平凡的生活和劳动中。韩素云同志患病以后，山东、广东、广西三省区军民纷纷热情相助，这生动地体现了军民之间的鱼水深情，体现了社会主义制度的优越性。我相信，通过对韩素云先进群体事迹的广泛宣传，今后像这样的先进事迹会在全国更多的地方涌现出来。"

随后，江泽民关切地询问韩素云的身体恢复得怎么样了，韩素云高兴地对总书记说："我恢复得很好，现在放下拐杖也能走路了。"说完，她便放下拐杖，走到总书记跟前。中央领导都高兴地鼓掌、祝贺！

会见结束了，但报告团的成员还有一个共同的心愿，希望能同党和国家领导人合影留念。报告团的成员于是推举刘震东提出这个要求。

刘震东走上前一步说："江总书记，我们报告团成员要求和您及各位领导合个影。"江总书记听后，毫不犹豫地做了个请大家到身边来的手势，爽朗地说："那好啊，大家都来吧！"江总书记话音一落，报告团成员立即走到江总书记周围，刘华清同志搀着韩素云走到总书记身边，党和国家领导人与报告团的7位成员站成一个弧形，热烈而又融洽的场景，随着照相机的灯光闪烁，这难忘的一刻，这辉煌的一刻，定格为具有历史意义的会见，定格为永载史册的画面。

这次接见，是党和国家对韩素云爱国拥军先进群体的肯定，是亿万国人对韩素云爱国拥军先进群体事迹的认可。同时，也是对全国媒体宣传韩素云爱国拥军事迹的褒奖和鼓励。

→ 七个之"最"开先河

★★★★★

新中国成立以来，我国在不同历史时期推出了许许多多各行各业的重大典型。但在宣传韩素云这个时代典型上，所持续的时间之长，参加的新闻单位之多，各媒体使用的版面之多与占用时间之长，地域跨度之大，巡回报告的场面和地域之大，报告场次和现场听众人数之多，韩素云获得各种荣誉之多等七个方面，都开创了历史先河。

韩素云爱国拥军先进群体的宣传，经历了一个自下而上、从局部到全局的过程。广西、广东、山东三省区新闻媒介的连续宣传，打下了在全国范围内作广泛宣传的良好基础。

作为韩素云这个重大典型宣传的经历者，笔者不但一直关注着事态发展，还作了比较详细的统计。下面说的七个之"最"，也只是主要部分，若细数之，则远不止这些。

持续的时间最长——从 1993 年 11 月 13 日《广西日报》第一期《国防》版刊登《爱的故事》起，到 1995 年 5 月，全国新闻媒体对韩素云的事迹、围绕韩素云所发生的动态事件的报道，一直没有停止过，宣传高峰期长达一年半。这在我国重大典型宣传方面是从来没有过的。

参加的新闻单位最多——先从中央媒体算起，新华社、《人民日报》、中央人民广播电台、中央电视台、《光明日报》《解放军报》《中国青年报》《中国妇女报》等几十家新闻媒介全部加入；再说广西、广东、山东三省区的媒体，三省区的几家省级媒体是全程跟踪采访、报道，许多地市级媒体阶段性介入并转载、转播；最后说全国其他各省（区）、直辖市媒体，那是部分介入，其余者纷纷转载、转播。

平面媒体使用的版面最多，电视、广播用时间最长——据不完全统计，中央的几十家平面媒体在高潮阶段的 40 天内，共发稿 300 多篇，累计 20 多万字；《广西日报》在近两年内累计发稿 80 余篇，7 万多字；《羊城晚报》在一年内发稿 50 余篇，3 万多字；《大众日报》刊登了两篇长篇通讯和几十篇各种体裁的稿件，字数少说也在 3 万字以上；全国其他省市的报刊和行业性报纸的用稿量大得惊人；从中央到地方的广播电台、电视台均加入了宣传行列，所使用的时间也是多得无法统计。

地域跨度最大——先从《广西日报》发起，后通过《羊城晚报》

的传播在广州中医学院第 附属医院结"甲",《羊城晚报》和广东的几家媒体、《战士报》、《中国妇女报》紧追不舍,《广西日报》再次杀入,山东媒体紧跟其后积极回应,中央媒体和行业性报纸的报道掀起高潮,全国媒体纷纷加入推波助澜。其地域跨度之大是任何典型所不能比的。

巡回报告的场面和地域最大——韩素云爱国拥军先进群体报告团先是在首都作报告,紧接着又赴山东、上海、广东、广西作了多场报告。每到一地,迎接的场面宏大,那真是人如潮涌,花似海洋;听报告者上到党和国家、军队领导人,下到普通群众。其场面之大和地域之广均创先河。

报告场次和现场听众人数最多——从韩素云身体健康状况考虑,有关部门把报告的场次压到了最低限度。即便这样,韩素云爱国拥军先进群体报告团还是在北京、山东、广东、广西作大型事迹报告十余场,现场听众接近 1.3 万人,收看和收听电视、广播者则不计其数。

韩素云获得的荣誉称号最多——

1.1994 年 3 月 20 日,广西壮族自治区妇联授予倪效武、韩素云一家自治区"美好家庭"荣誉称号。

2.1994 年 4 月,被山东省汶上县授予"模范军属"荣誉称号。

3.1994 年 6 月,被山东省济宁市委、市政府授予"爱国拥军模范"荣誉称号。

4.1994 年 6 月，被广西军区授予"献身国防的模范夫妻"的荣誉称号。

5.1994 年 8 月，被山东省委、省政府、省军区联合授予"模范军属"荣誉称号。

6.1994 年 8 月，被广州军区授予"优秀军人妻子"荣誉称号。

7.1994 年 8 月，在创建全国双拥模范活动中，被中共济宁市委、市政府、市军分区记大功一次。

8.1994 年 10 月，被广西壮族自治区文明办、自治区妇联授予"美好家庭"荣誉称号。

9.1994 年 12 月，被全国妇联授予全国"三八红旗手"称号。

10.1994 年至 1995 年，被广西壮族自治区妇联、南宁地区妇联、凭祥市妇联分别授予"三八红旗手"称号。

11.1994 年至 1995 年，被山东省妇联、济宁市妇联、汶上县妇联分别授予"三八红旗手"称号。

12.1995 年 1 月，被山东省委评为首届"关心国防建设新闻人物"。

13.1995 年 1 月 5 日，被北京市西城区授予"柳荫街荣誉居民"称号。

14.1995 年，被评为南宁市"文明市民"，被授予南宁市"荣誉市民"称号。

15.1995 年 3 月，被广西壮族自治区党委、自治区人民政府、广西军区联合授予"爱国拥军模范"荣誉称号。

16.1995 年 4 月，在国家民政部、解放军总政治部在南宁召开的命名大会上，被授予"优秀军人妻子"荣誉称号，并获"二级英模"

奖章。

17.1995 年 5 月，被评为"全国先进工作者"，是李鹏总理在 1995 年作的《政府工作报告》所列八位英模之一。

18.1995 年 5 月，分别被评为广西壮族自治区"劳动模范"、南宁市"劳动模范"、凭祥市"劳动模范"。

19.1995 年 8 月，被评为广州军区"巾帼建功先进个人"。

20.1995 年 10 月，被评为广西"十大女杰"。

21.1999 年 2 月，被广州军区评为"南国好军嫂"。

22.2007 年 8 月，在《人民日报》《解放军报》《中国国防报》联合主办的《感谢人民——激励军营80年》十大爱国拥军新闻人物评选活动中，当选为"十大爱国拥军新闻人物"。

23.2009年9月，在"双百人物"评选活动中，被评为"100位新中国成立以来感动中国人物"。

24.2010年3月，纪念三八妇女节100周年时，被山东省妇联评选为"山东妇女杰出人物"。

25.2010年7月30日，由中国双拥网、中国青年网、军嫂杂志社、《中华儿女》英杰联谊会、中青网络传媒等联合举办的"感动军营好军嫂颁奖典礼"活动中，被评为"2010感动军营好军嫂"。

先进典型获得单项或多项荣誉者不少，但像韩素云这样获得如此多荣誉者并不多。

珍惜荣誉报党恩

⊖ 立足岗位做奉献

★★★★★

一段时间后，铺天盖地的宣传、学习热潮逐渐退隐，鲜花和掌声也渐渐远去。

对于韩素云来说，鲜花和掌声远去未必不是件好事，光环照耀下的生活本不属于她需要的东西，韩素云所追求的是永远做个普普通通的人。

1995年2月，集各种荣誉于一身的韩素云又随效武到了广西边防。凭祥市委、市政府从韩素云身体考虑，初时把韩素云安排到了离效武所在部队驻地最近的夏石镇财政所。不久又把韩素云调回了凭祥市财政局，并安排了办公室副主任的职务，主要负责对外接待工作。那时，韩素云的腿还没有完全康复，只能拄着拐杖上、下班。局领导和同事们心疼韩素云，不让她干活。可韩素云却不乐意了，说："我哪能拿着国家的工资吃闲饭呢！"

在韩素云的强烈要求下，一些力所能及的工

△ 2012年3月19日上午，韩素云在广西南宁市财政局票据库认真核对票据

作交到了她手上。接待来办事的人时，素云一视同仁，态度和蔼，服务周到细致；办公室里收发报纸、打扫卫生、传达通知一类的杂活，素云也是抢着干；上级安排对外联络、拥军优属等工作时，素云总是主动请战，满腔热情地完成上级交给的任务。时间一长，领导和同事们对素云的看法变了，从最初担心素云居功自傲变成了素云工作称职，待人和气、热情。于是，人们心目中那个国家级的重大典型"好军嫂"，就成了身边的好同事韩素云。年轻点的开始叫素云"韩姐"，年纪大点的干脆直接叫"素云"。

1997年，韩素云从凭祥市调入南宁市财政局。初时被安排任局办公室任副主任科员。当素云得知这是局领导为了照顾自己才这样安排时,心里很不安,她找到领导说:"财政局一个萝卜一个坑,我怎么能当闲人呢？"在她的一再要求下,局领导把行政事业单位票据发放与管理的工作交给了素云。

这工作看着容易,但做起来难,想做好更难。全市 6 县 6 区、市直 500 多个行政事业单位的 40 多种预算外票据都由她负责监印、调配、发放、核销、收款和管理；凡是来办事的人都是想早点把事情办好,推迟下班是常事；业务不熟易出差错；态度不好影响对外形象；按时上、下班完不成工作任务……

生性好强的韩素云又跟自己较上了劲。她前前后后买了近 3000 元财政管理方面的书籍,先后报考了广西财经学院财政专业和中央党校经济管理专业的函授学习,在不影响正常工作的情况下,风雨无阻坚持参加辅导课,一有空就看书自学,遇到难题就向内行和同事们请教,女儿前前成了她学习电脑的老师,丈夫效武成了她基础课的教员……

真是功夫不负有心人,韩素云凭着这种勤奋和刻苦的精神,不但如期拿到了本科毕业证书,还成了票据管理的行家里手,昔日握惯了铁锹锄头的手,也能在键盘上跳动自如……2011 年,经她手出、入库的票据 1105 万份,其中,医院电脑票 605 万份,车辆通行电脑票 500 万份。非税票据及其他收据 60 万本。从接手票据管理工作之日起到 2012 年 3 月止,凡是素云经手的票据,都是日清月结,从来没出现过差错；凡是找素云办理过票据业务的人,都被她认真负责的工作精神、热情周到的服务态度所感动。

笔者采访韩素云的直接领导南宁市预算外资金管理局朱丽茵局长时,她对素云的评价是:韩素云心胸开朗,做人正直,乐观向上,热心公益事业，与同事关系融洽，政治觉悟高，大局观念和工作责任心特强，韩素云所负责的工作是她最放心的工作，在领导和同事们心中，韩素云是个优秀的国家公务员。朱丽茵还向笔者讲了两件最近发生的事："从2012年开始，局里就要实行电子票务改革，素云所负责的工作将全部改为电子化管理，这就涉及到很多计算机方面的知识。2011年局里办学习班时，素云的工作多社会活动也不少，她不但积极参加而且学得很认真成绩也很好，为今年的改革提前打好了基础；今年素云准备回山东老家过春节前，为使票据收、发等业务不脱节，她分别提前给有

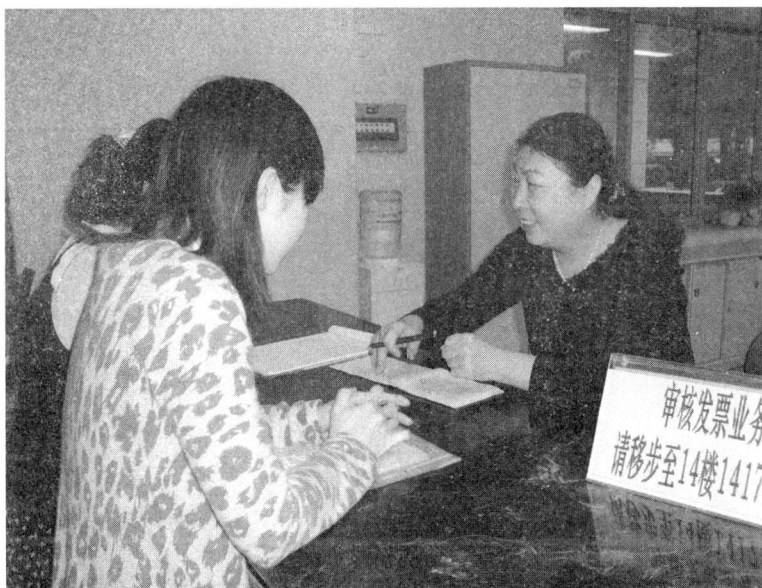

△ 2012年3月20日上午，韩素云在广西南宁市财政局办公大厅的工作岗位上

业务发生的单位打了上百个电话，把该办的事全部办好后也就大年二十九了，只能在南宁过完初一才匆匆忙忙上路，过完节就立即赶回南宁，又开始忙她手头上的事。"

采访结束时，朱丽茵对笔者说："你写过韩素云，肯定也很了解韩素云，她之所以成为大典型，确有她的人格魅力，从她身上可以学到很多东西。"

朱丽茵对韩素云的评价，真实地反映了韩素云的表现。笔者在2012年春节前后曾两次到素云办公地点进行采访，但两次都因素云手上工作太多而无法进行。虽说两次采访没要到预先想要的东西，但现场看到的场面记下来也是不小的收获：第一次是1月18日下午，农历腊月二十五。笔者赶到素云办公室时离下班还有一个多小时。刚说几句话，横县财政局领票据的人到了。"韩姐，因路程太远，我来迟了，又得让你加班了，快过年了，真不好意思……"来人急匆匆地表白。"没关系，马上给你办。"素云麻利地拿出登记本和发票一边开票一边登记，紧接着就领着来人到约十多米处的仓库取票据。库门一打开，笔者见货架上井然有序地摆满了一摞摞发票，素云先是把要领的发票从货架上一一搬下来，再一一搬到柜台上，与来人一起认真清点后才开始办理移交手续。因需领的品种太多且量大，素云一直忙到下班时间还没干完，这可把笔者急坏了，走留都不是的笔者只好耐着性子等下去。待素云把事情全部办好时，笔者看了一下时间，6时42分。素云连说"对不起！"笔者试着问："你就不会让他们明天再来？"素云笑着说："人家从大老远的县城上来，多不容易，我就住在局里，晚点下班没关系。"

第二次是2月10日下午，农历正月十九。有了上次的"教训"，

△ 山东、广西一个样，日子越过越好。2012年1月25日中午，回山东老家过年的倪效武（前右）、韩素云（左一）和家里的年轻人共同向母亲（后中）敬酒。

笔者3时前就到了。素云办公室里站了一堆人，有上林县的、青秀区的、西乡塘区的，还有江南区的。与上次看到的情况差不多，素云先发距离远点县份的，接着再发郊区和城区的，也同样是忙到晚6时多。就在素云最忙的时候，笔者采访了两位来办事的人，一位年轻的女同志说："素云姐办事认真，工作负责，服务热情。"另一位县份上来的人说："我们下边的单位，上来一趟要办很多事，故总是赶在下班前把别的事先办好，领票据结算一类的事放在最后办，反正素云是随叫随到。"等事情全部办完时，素云的额头上已渗出汗珠。

见我站在一旁等了半天也没说上话，素云也有点不好意思，为了活跃一下气氛，素云说："陈大哥，叫你久等了，这么晚了就别回家吃饭了，走，去俺家包饺子！"

跟在素云身后，看着她很吃力才能迈开的双腿，我眼睛湿了。

→ 人到无求品自高

★★★★★

2012年2月10日晚，我在素云家里的采访进行得很顺利。韩素云跟我说了不少心里话："好军嫂的荣誉是党和人民给全体军嫂的，我只不过是其中的一个，我所做的事很普通，也是应该做的。在我有病的时候，千千万万热心人士向我伸出了援手，我是个知恩图报的人。如今，党把我从一个普通的农家妇女培养成了一名国家干部，我只有扎扎实实工作，老老实实做人，才能对得起自己的良心，对得起党的培养和众多关心爱护我的人。"素云还说："单位里的领导和同事们

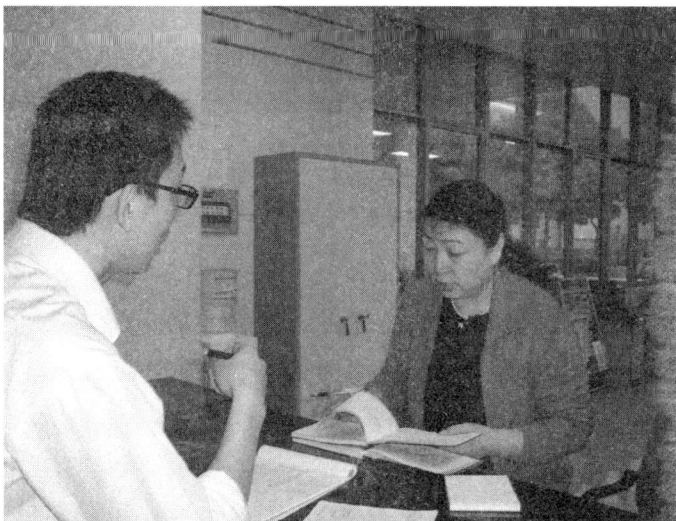

△ 2012年3月20日上午，韩素云在广西南宁市财政局办公大厅向咨询者作解答

都很关心我，有一次我骑残疾车去看病时，被我们局长看见了，他责备我："你为什么不向局里要台车?'我说："其他职工生病也是自己上医院的，我不能搞特殊化。'局长说："你不一样，你是劳模，关心照顾劳模是单位应该做的，以后可不能这样了，有啥事就只管说!'我也知道领导是为我好，但我不能张口，我愿做个普普通通的韩素云。"

这几句心里话，折射出了素云平凡、朴实的高尚品德。

"不搞特殊化我不但赞同也大力支持，精打细算、勤俭持家我也没意见，可你也太亏待自己了，平时连一件像样的衣裳都舍不得买，吃饭是自己做，早餐煮面条加空心菜，中午晚上是素炒青菜，连贵一点的荤菜也舍不得吃，这也不对吧？"效武开始数落素云了。

"爸爸说得对，妈妈就是太节省了，馒头加上一锅'乱炖'就算改变生活，有一个星期你总共才花了12块钱，我可有点儿受不了啦！"女儿前前也跟着起哄。

自知"理亏"的素云倒显得特别平静。她说，常言说得好，由俭入奢易，由奢入俭难，家有金钱万贯，不如日进分文。现在日子是好过了，可咱不能忘记过去，更不能忘了社会上还有不少需要帮助的人。人活在世上，不能光为自己，要多想想自己对家庭、对

△ 2005年7月31日，韩素云在"八一"节前赶到广西边防，看望某部守卫前沿阵地的战士

社会都做了啥贡献，我得报恩哪……

入情入理的一番话，让父女俩再也无话可说。实际上父女俩心里也清楚，素云之所以这样，一是从小养成了省吃俭用的习惯，二是心里总想着别人。

为打破已出现的尴尬场面，笔者转移话题开始向素云诉"苦"："去年有个朋友托我跟你说拍广告的事，报酬相当可观，我知道你不会干，所以也就没跟你说，为这事他挖苦我好几次，弄得我在众人面前挂不住面。"

素云一听便笑着说："还是大哥了解我！"话说到这里，素云也说开了："自打出名以后，我也碰到一些烦心事，几年前，一家企业的总经理来找，那人很热情，他对我说：'你是公众人物，是有影响力、有市场号召力的，你这种人挣钱最容易，我给你出个主意，你看行不行？'我问他有啥好主意。他说：'你只要帮公司拍几次电视广告，就可以挣好几万，这活又累不着你，你只用对着镜头说几句本公司的产品好就行了。'我说，钱是好东西，但我不能做，我怕糟蹋了军嫂的名声。他接着说：'名人、明星做广告的多得是，现在是什么年代了，你还不开窍！'从商业角度考虑，人家的想法也不算什么，可我不敢答应。还有一次，一家想生产《军嫂》牌洗衣粉的企业老总跟着效武的老战友来了，想用重金请我当企业的形象代言人，我没同意。前年来了三位自称医学专家的人，要免费为我检查身体，无偿提供所需要的药品，条件是要我和他们拍张照片留念，我一听就明白了他们的用意，婉言谢绝了。我粗算了一下，这些年来想找我拍广告的外省和本地企业少说也有一二十家，价钱也说得吓人，可我就没动过心。叫你说陈大哥，若不是我有这些荣誉，哪会有这样的好事?" 我点头称"是"。素云接着说:"我总是跟效武和女儿说,一个家庭不在钱多钱少,家庭和睦,家庭平安,就够了。"素云还说:"我的腿是在社会各界人士的爱心滋润下好起来的,作为社会的一员,我应该把自己的光和热奉献给社会。决不能拿荣誉为个人谋利……"

与素云告别后,我想起了一句话:人到无求品自高。

➡ 热心奉献似当年

★★★★★

正是心怀这样的感激,多年来,素云用自己的方式默默地奉献社会,回报社会。

1997年10月,韩素云到广州中医学院第一附属医院复查时,特意请袁浩教授一起专程赴浙江省台州市看望患股骨头缺血性坏死症的军嫂严冬珠。在严冬珠家,韩素云似大姐般现身说法,用自己的亲身感受鼓励严冬珠与病魔作斗争。十几年来,韩素云先后利用多种联络方式和渠道,帮助指导了上百名患股骨头缺血性坏死症的病人，使他们得到不同程度的恢复。

1998年1月，韩素云到南宁市宾阳县武装部看望官兵时，听说附近村庄里一家四个孤儿生活困难，素云立即买了两个书包赶去看望，当从孩子口中得知没钱上学的事时，素云把身上仅有的500元钱给了孩子，并说："上学是大事，这点钱你们先收下，我回去再给你们寄。"

时隔不久，南宁市开展"爱心献功臣"活动，韩素云得知后，与丈夫效武一起带着慰问品赶到郊区和附近县城，看望了9位老功臣。

当长江、嫩江流域发生特大洪水的消息传来，韩素云又捐款1200元和部分衣物。

2000年6月，韩素云从一家广东媒体上看到了《饥饿逼近30名弃婴》的报道。这消息震撼了韩素云的心，她立即与福利院联系，并同时向单位发出了"爱心献弃婴"的倡议。全局从领导到职工积极响应，纷纷慷慨解囊，很快就将捐赠的5000元现金和衣物送到了福利院。

2001年夏秋季节，南宁市发生了60年不遇的大洪水，邕江水位高出市区街道8米多，悬河随时有决堤危险。财政局连夜号召干部职工参加抗洪保大堤，素云冒着倾盆大雨跟着队伍出发了，凌晨3时赶到大堤，扛沙袋、挑泥筐，一直奋战到中午1点多。短暂休息时，局领导在抗洪人群里发现了满身泥水的韩素云，这可让他吓了一大跳！局长知道，素云的身体是决不能干重体力活的。在局领导的一再动员和催促下，素云才从大堤上下来，接手了发放抗洪物资的工作。

韩素云带领由 27 名"军嫂"组成的服务队，为参加抗洪的市民和部队官兵们发物资、送饭、送茶水、洗衣服，一直干到水退险除。

作为闻名全国的"好军嫂"，韩素云与部队、与战士，有着更深层次的情谊。每逢节假日，到部队看望官兵成了习惯；平时收看部队官兵来信，接听官兵电话，并有针对性地做好官兵思想工作成了常事；就连帮地方女青年牵线搭桥与部队军官结成良缘的事，素云也干了不少。

"八一"节到了，她带着水果看望消防官兵；春节来了，她心中想着无法和家人团聚的战士，经常带

△ 1989年9月，韩素云到广西边防某部看望一线官兵时，同官兵和军嫂们一起包饺子

着慰问品和效武到部队看望他们，还亲手给战士们包饺子。吉林省驻军的一名新战士来信了，素云从信中发现了小战士思想不稳定的问题，先后几次写回信给战士以鼓励。一年后，这位战士写信报喜：在部队组织的大比武中，他拿了射击和单杠两个第一。广西边防部队的一位专业军士打电话来诉说他的婚姻烦事，素云不但耐心开导，还有针对性地为他出了不少好主意，一直到问题解决，素云才放下心。桂林市某学校的女教师小刘来信说，当军人妻子是她一生的愿望，想把终身大事交给素云，这姑娘的精神让素云感动，在以后的日子里，她跟效武见人就问，有空就找，终于在广西边防部队为小刘找了一位让她称心如意的优秀年轻军官。就在笔者采访素云时，她还反复提醒我："别忘了上次托你帮人联系工作的事，他是营级军官，今年从部队转业，学的是财会专业……"

素云干这些事还真行，这些年来，经素云这位热心的"红娘"牵线搭桥，已结良缘的有二十多对；由素云写信、打电话解决官兵思想问题，化解各类矛盾的事少说也有好几十件；帮十几位转业、退伍军人找到了接收单位。

时间过得真快，一转眼就是十几年。韩素云的生活虽说发生了很大的变化，但她那原生的、质朴的爱和善良、坚强、乐观的本性丝毫没变，对社会的热心奉献还似当年。

她本色依然，情怀依然，她用辛勤的汗水继续浇灌着爱的田园，那一朵朵、一簇簇爱的鲜花，开得正艳……

在刚刚过去的 2011 年，韩素云在单位组织的公务员考试中，成绩再次名列前茅，又一次被所在单位党组织评为"优秀共产党员"。

后 记

我写"军嫂"韩素云

　　2012年1月18日上午，一个陌生的电话振响了我的手机，本打算挂断的我很不情愿地按下了接听键。"陈老师好，我是吉林文史出版社的王尔立，就叫我小王吧！我社要出版100位为新中国成立作出突出贡献的英雄模范人物和100位新中国成立以来感动中国人物传记，韩素云是其中一位。韩素云说：'《广西日报》的陈大哥从头到尾都跟着采访，最熟悉情况，找他没错！'我今天是冒昧向您约稿的。"我愉快地答应了。

　　很快，王尔立便把编写要求用电子邮件发给了我。电话和电子邮件勾起了我18年前发现并采写韩素云的回忆。于是，我再次翻看了精心保存的几篇原稿和上报前的大样与清样，以及(《爱的故事》后续报道)剪贴本。韩素云这位普通军嫂的典型事迹、我当初跟踪采访过程中的经历和体会、这些年来我与素云胜似兄妹的交往，好似电影一样一幕幕闪现在我的眼前……

采写《爱的故事》

　　1993 年 11 月初的一天，广西军区宣传干事王明金和周德国送来一篇稿件，主标题为：奉上一份爱，洒下一片情，副题是：广西边防某部教导队"援军嫂献爱心"活动募捐录。全文约 1000 字，主要内容写的是广西边防某教导大队官兵为一名身患重病且家庭十分困难的军人妻子捐款治病的事。用专业的眼光看，这篇写捐款现场多，交代背景材料少，尤其是未写明"官兵们为什么要为军人妻子捐款"深层原因的稿件，上报的可能性很小，即便勉强上报，也会因新闻价值不高而无法引起人们的广泛关注。于是，我向他们提出了"以官兵们为军嫂捐款为由头，主要内容写军嫂爱国、爱家、支持丈夫安心边防工作等背景材料"的修改意见。几天后，他们送来二稿，题目叫《爱心》。该稿虽然有些进步，但仍是写捐款现场的东西多，写"军嫂"崇高思想境界和无私奉献精神的骨干事例少，叙事部分文字运用也显不足。虽说稿件不很完美，但所反映的新闻事实却吸引了我的眼球，震撼着我的心。在军队服役近二十年，我熟悉军营也了解军人，而且深知那个年代军人妻子尤其是大部分农村军人妻子生活的艰辛。责任感与同情心交汇在一起，促使我暗下决心：想办法把这篇稿发出去，通过宣传"军嫂"的爱国奉献精神，引起人们的关注，帮助这位军人妻子渡过难关！当时，报社已决定报纸扩版，由我任责任编辑的"国防"版即将推出，但作为一名刚转业到报社的普通新闻工作者，我知道自己有多少"斤两"，质量不高的稿子别说发在别的版面，就是在自己负责的专版上也很难见报。于是，我就约了王明金和周德国，再次向他们提出了核实内容，补充采访，抓住重点，突出主线条，尽快完成此稿的建议。

两天后的一个晚上，他二人找我谈了补充采访和修改稿件过程中碰到的难题：一是倪效武已带着韩素云去外地看病，短时间内无法联系本人；二是修改稿件难度大，不知从何入手。"能否找到了解情况的战友和老乡进行间接采访？"我这一问提醒了他们，据他二人说，倪效武有个无话不谈的好战友叫曹丽心，还有个很关心他的教导队长韦玉流，从他们那儿肯定可以再了解些情况。他二人还建议由我主笔写稿，他们积极配合，并通过多方面的采访尽量多搜集材料。因为时间太紧，我接受了他们的建议。于是，我们三人密切合作，王明金、周德国利用军内打长途电话的方便，负责采访倪效武的战友，我负责对他们采访到的材料进行整理，并对其中的若干个主要事例进行了核实，由于材料详实，我很快便写出了第三稿。为了确保报道内容的准确和用语无误，我约王明金到报社，我俩在三稿基础上又开始写第四稿。

稿子写好后，我们又开始制作标题。不一会儿，我们就想出了一个自认为既能吸引读者眼球，又能高度概括内文的复合式通讯标题，引题是：自己承受百般苦，信信向夫报平安，"军嫂"无私奉献的精神震动了官兵，广西边防军营内传颂着一个——（主）"爱"的故事。稿子上版前，我拿给时任政文部主任的陈文刚，让其斧正并作最后审定。我说："你前几天催我尽快拿出版面大样，其实我正忙着写稿，这是我第一次含着泪写的一篇稿件，我认为该稿有一定的价值，你看能否放在国防版头条位置上发出？"他看后说："事例还可以，你个人流泪没用，稿子要写到让看的人流泪才行！"这话对我触动很大，我再次对稿件进行深加工，一直删减到 1700 字左右才上大样。因版面有限，大样出来后部门领导要求我把字数压到 1500 字以内，我只好忍痛割爱，又一个字一个标点地对稿件进行删改，当压缩到 1560 字时，我开始犯难了，稿子到了几乎无法再改的程度。我很无奈地又找陈文刚寻求帮助，他看后也觉得其字数已无法删减，于是便打起了别的主意。为减少标题字多占版面的问题，他把原标题前面的引题删除，仅保留了"爱的故事"。真是好事多磨，这篇采访困难，写作、出版均不顺畅，由我和通讯员合写的稿件，终于在 1993 年 11 月 13 日《广西日报》第一期"国防"版第二条的显要位置刊登，这也就成了国内新闻媒体第一篇报道"好军嫂"韩素云的文章。

稿件发出一段时间后，王明金又跟我商量把此稿投到其他媒体的事，我不但同意，还当场表示：投稿时可以不写我的名，能发表就是好事。因为我们当初写稿的目的就是为了帮人，此稿若能在别的媒体发表，自然会引起更多读者的注意，说不定还真能起些作用。事情果如我们所料，第 47 天该稿在《羊城晚报》上发表，引起了广州中医学院第一附属医院袁浩教授的关注，由此引发了一连串动人的故事。

跟踪采访韩素云

我是在广西钦州军分区采访时得到韩素云去广州治病消息的。1994 年 3 月 13 日下午 6 时许，分区宣传科长黄团拿着一份《战士报》找到我说："陈编辑，这上面登的消息不就是你们几个写过的韩素云吗？

她到广州治病了。"我看后心中大喜，立即连夜赶回南宁。也许是过分激动的原因，回南宁的当晚一夜未眠。韩素云到广州治病的消息不但使我看到了第一篇稿件的分量，也使我估计到了马上跟踪采访，展开后续报道的重要性和新闻价值。我想："若要继续展开报道，没有领导的重视和支持肯定不行，若要领导支持既要拿出'证据'，还得有个人的观点。"第二天上午，我首先跑到资料室，根据《战士报》上提供的线索，找到了刊登有关消息的《羊城晚报》、《中国妇女报》和《解放军报》等四份报纸（包括刊登《爱的故事》的本报），然后向部门领导陈文刚、张承工作了汇报。由于准备充分，两位领导被我的汇报打动，他们简短交流即达成了"有新闻价值，事关重大，应立即向社领导报告"的共识。此事引起了社领导的高度重视，当天决定让我先赶写一篇消息，然后以最快的速度赶赴广州，跟踪采访韩素云，开设(《爱的故事》后续报道)栏目，展开全面系列的宣传。

1994年3月16日，《广西日报》在一版头条的显要位置刊登了报道军嫂韩素云的第二篇文章，引题是"军嫂爱心献国防 我为军嫂献爱心"，主题为"本报《爱的故事》掀起爱的洪流"。从专业角度讲，该文标题醒目，主题突出；内文中的背景材料详实，写作手法新颖。消息导语部分引出了《爱的故事》发表后，多家新闻媒体争相报道"好军嫂"先进事迹的新闻事实，内文巧妙引用了通讯《爱的故事》一文中，韩素云爱国、爱军、爱家无私奉献的典型事例，写明了韩素云被接到广州治病、本报将跟踪采访报道等重要内容。从影响力和受众关切度上说，该文不但引起了军队和地方各级领导的重视，也引起了广大读者的关注和关心。稿件刊登的当天，本报便接到许多询问韩素云情况的电话，其中还有两位不愿透露姓名的人士愿为其治病提供捐款。

1994 年 3 日 17 日晚，我在广州中医学院第一附属医院的病房内见到了韩素云、倪效武及他们的女儿前前。虽说之前我和素云未曾会面，但素云的朴实和善良，已通过先前的间接采访印记在了我的脑海里。简短的问候之后，我们就拉起了"家常"，一直谈到夜深人静。回到住处后，本打算休息一下的我却再也无法入睡。前两篇稿件虽说相隔时间较长，但已把韩素云的基本情况及到广州治病的消息告诉了读者，这第三篇稿应写哪些内容？经过反复思考后，我决定应先从读者最关心、最想知道的事情写起，一步步把报道引向深入。当即以韩素云的身体恢复情况为切入点，写出了一篇消息，引题是"'天使'爱心献军嫂　妙手奏响回春曲"，主题是"韩素云病情明显好转"。紧接其后的几天，我又根据采访得到的素材，先后写了通讯《羊城人心中的韩素云》、《倪效武、韩素云夫妇的情感世界》等多篇稿件，并拍摄了一组相当珍贵的照片。报社领导把我发回的这批稿件，全部刊登在了"《爱的故事》后续报道"栏目。这一组从不同侧面记述韩素云的稿件和照片在《广西日报》刊登后，引起了强烈的反响。广州军区、广西军区和南宁军分区的领导先后赶到医院看望、慰问韩素云和为其治病的医务人员，广西军区和南宁军分区还分别向广州中医学院第一附属医院、袁浩教授、广州市妇联、广州军人服务中心等单位和个人敬送了写有"爱我长城"、"拥军楷模"的八面锦旗。

　　《广西日报》派记者到广州跟踪采访韩素云，不但引起了广东各新闻媒体的关注，还引起了山东、广州军区和中央各大新闻单位的高度重视，也就是几天的工夫，派出记者到医院采访的新闻媒体从最初的几家迅速扩大到十几家（之前几家媒体发表的少量稿件，基本上是采用通讯员的来稿）。我感到事情重大，一结束采访便急匆匆连夜赶回南宁，把在广州采访过程中看到的情况向社领导作了全面汇报。报社领导立即作出部署：派记者赶赴山东和广西边防，全面报道"好军嫂"韩素云。

1994年3月31日，《广西日报》"《爱的故事》后续报道"栏目又推出了由我主笔采写并加编者按，还配发了评论《我们时代的军嫂》的通讯《军人的"脊梁"——再述军嫂韩素云》。这篇全面记述好军嫂韩素云事迹的文章，在全国各新闻媒体报道"好军嫂"韩素云的众多文章中，不但时间最早，也是写作手法灵活，选用事例具有代表性，语言文字最精练的一篇。因此，该文获得了当年全国省、市、自治区党报好新闻一等奖。

从1994年4月开始，宣传"好军嫂"韩素云先进事迹的热潮在全国范围内掀起。《广西日报》派出多名记者参与采访报道。以我个人为例，在宣传韩素云的全过程中，一赴广州，三下边防，再进北京跟踪采访，从北京回来后又再次下边防，单独采写或与同事、通讯员们合写的稿件达50余篇，5万多字。这些从不同侧面采写的稿件陆续发表后，在全社会产生了巨大反响，"《爱的故事》后续报道"栏目获当年广西好新闻一等奖。为了表彰《广西日报》率先深入全面报道"好军嫂"事迹方面所作出的贡献，1995年1月13日，广西壮族自治区党委宣传部作出《关于表彰〈广西日报〉宣传好军嫂韩素云典型事迹的决定》，通报表彰广西日报社。1月15日，广西日报社委会作出决定：对采写"好军嫂"第一篇报道《爱的故事》，包括本人在内的4位作者给予奖励。1月28日，广西日报社委会为笔者记二等功一次，这也是广西日报社历史上第一次为记者记功。

时代呼唤韩素云

韩素云为何感动中国？本书在开头部分已说，故不赘述。韩素云为什么能成为重大典型？笔者试谈如下三点：

一是事迹感人。韩素云之所以能够从一名默默无闻的军人妻子成为家喻户晓、全国闻名的新闻人物，之所以能在全国引起如此强烈的反响，一个重要原因是她的事迹感人。

笔者和通讯员当初写《爱的故事》时，是含着眼泪写完的。《羊城晚报》的编辑李直收到通讯员的稿件时，边看边落泪，然后才决定采用此稿。广州中医学院第一附属医院的袁浩教授看完后再也无法入眠，连夜给院领导写出了报告……这充分说明，韩素云的事迹太动人了。最初写《爱的故事》时，笔者和通讯员为使稿子更具有说服力和感染力，让看的人也流泪，的确动了不少脑筋，为减少字数，我们在文章开头时仅用少量文字拉出现场，然后就直接进入叙事交代背景材料部分："韩素云是山东省梁山县韩垓乡马店村人。十年前与汶上县南旺镇的倪效武订亲。同年底小倪便参军到了广西边防。为了使未婚夫安心部队，小韩不顾世俗偏见，在家人的支持下搬进了小倪家。从此，她这个提前过门的媳妇挑起了全家的生活重担。80多岁的奶奶需要照顾；患严重风湿性关节炎的公公和有高血压、肠胃炎的婆婆要人护理；痴呆的小叔子稍不留神便出事；两个10岁的孪生妹妹要辅导功课；12亩责任田要耕种收割……这样一个多难的家庭，操持起来难哪！4年过去了，小韩终于当上了新娘。"这一段高度概括、文字精练的背景材料，把韩素云所面临的家庭困难状况呈现给了读者。

在写韩素云爱家、爱国、爱军、无私奉献崇高思想时，其骨干事例很巧妙地用叙事、对话和高度概括加对话的手法完成："那年冬天，鹅毛大雪铺天盖地下个没完，87岁的奶奶病危，弥留之际老人想和孙子再见上一面，公婆决定发电报给效武，可素云硬是不让。公公发火了：'过去我们都依着你，这次我说了算！''扑通！'一声，素云跪在了二老面前：'爹、娘，您们就再依俺一次吧！人死不能复生，让效武安心工作才是大事，家里的事有我呢。'公婆听了觉得在理，又一次做了让步。就这样，素云腆着大肚子和家人冒着风雪为奶奶送了终。""冬去春来，十年过去了，韩素云以顽强的毅力和牺牲精神，不但把一个多难的家庭料理好，还圆满完成了全家应交的公购粮、棉和其他任务。就连按规定该减免的义务工她也总是走在前面，村里人都夸倪家找了个好媳妇。一些好心人感到不理解，劝她：'乡、村两级的照顾你不要，该免的你不免，你咋恁傻哩！'素云笑着说：'因为俺是军属。'"以上对话虽然用字不多，但言之有物，言之成理，言之有味，人物表现鲜明，结构过渡巧妙，含义深刻。特别是韩素云"让效武安心工作才是大事"、"因为俺是军属"这两句看似普通朴实的话，画龙点睛般折射出了韩素云的思想境界和平凡与伟大。

韩素云含辛茹苦无私奉献到底为了什么? 产生了什么结果? 这肯定是读者最关心的问题。文章快结尾时，我们用反衬手法高度概括地写了倪效武在韩素云支持下安心边防作奉献的事："封封'平安'信，句句勉励话，给效武增添了力量。当排长期间，他带出4个先进排，当教员，带出67名优秀四会教练员，他本人先后15次立功受奖，5次被上级评为排长标兵、优秀共产党员和优秀教练员。在干好本职工作的同时，他还利用业余时间和3年的探亲假参加函授学习,获得了大专文凭。"这段看似很普通的文字,使韩素云的奉献精神得到升华。从该稿发表后所产生的效果看,我们在文中所选用的典型事例,是生动感人,具有生命力的。这些事例在后期全国各媒体记者所写的稿件和各种出版物中,均被大量采用。

1994年10月下旬,中央各大媒体新闻采访团到广西采访时,笔者不但把手上掌握的所有材料复印成册分别交给了同行们,还同黄齐国、王登平、贾永、刘建新等多人进行了交流,大家的共同看法是:韩素云的事迹

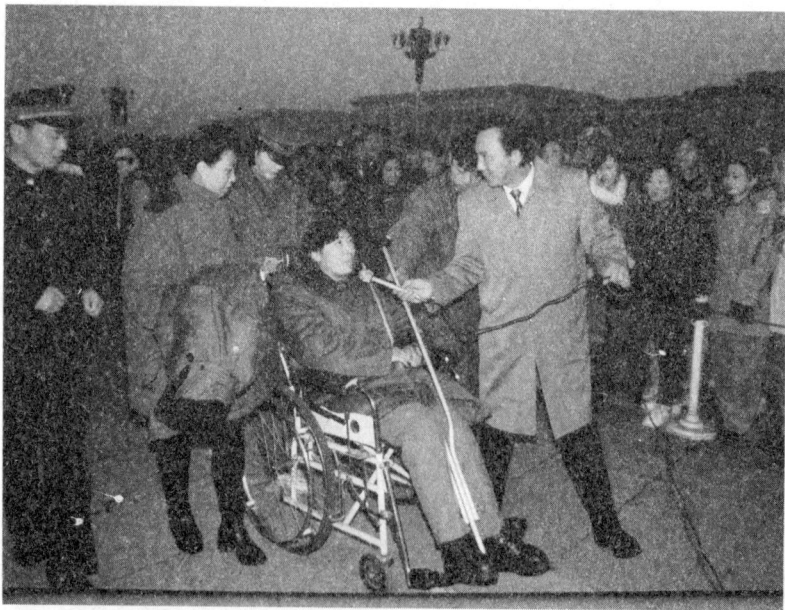

△ 1995年1月6日7时许,当韩素云出现在天安门广场上时,群众争睹其风采,记者上前进行采访

动人，围绕她发生的故事更动人，这是一个有巨大潜力的典型，在桂粤鲁三省区宣传基础上，继续在全国各大媒体上宣传，肯定会在全国产生更大的影响。大家还认为，在宣传韩素云上，中央下多大的决心，就会有多大的收获。

二有群众基础。韩素云做的那些事，虽然都是很普通很平常的小事，但这些事是群众看得见，摸得着，大家都能够学的事。广州中医学院第一附属医院无偿救治韩素云，广东、广西、山东三省区，尤其是羊城人民大范围向韩素云献爱心的行动，来自基层，发自群众，是全社会各界人士爱军嫂、爱军队、爱祖国的具体表现，是中华民族扶贫济困传统美德在改革开放时期的升华，故易在广大人民群众中产生共鸣。各媒体在宣传过程中，既讲韩素云和倪效武无私奉献的诸多故事，还用大量篇幅，宣传那些在普通岗位上，为救治和关心爱护韩素云作出不平凡业绩的普通人，使典型具有了广泛的群众性。在笔者所收集的材料中，就有很多是写群众的。如《羊城晚报》开设的《一个和千百个》栏目、刊登的通讯《滔滔珠水复潮生，载不动，许多情》,《人民日报》刊出的通讯《爱的礼赞———一个好军嫂和无数好心人的故事》、山东《大众日报》刊登的通讯《人间爱洒韩素云》、解放军报刊登的《爱心，托起军嫂的生命》等稿件，都是写千千万万老百姓关心救助韩素云事迹的。这种用老百姓的话，说老百姓的事，讲老百姓的理的宣传方法，打动了老百姓的心，从而使典型的先进性与社会性、群众性有机地结合起来，广大群众发自内心地把韩素云当做自己的优秀代表，达到了典型宣传与群众情绪的双向交流，调动了更多人去关心韩素云的宣传，自觉地向韩素云学习。

摘一组历史镜头献给读者：

——1995 年 1 月 12 日下午，韩素云爱国拥军先进群体报告团到达济南。韩素云等人刚下火车，欢迎的人群一拥而上，十几架摄像机、照相机纷纷抢拍；站台上，下车与准备登车的人们停下了匆匆的脚步，争睹"好军嫂"韩素云的风采；一声声问候，一句句祝语，齐鲁儿女用最真挚的感情，欢迎"好军嫂"回家；8 位献花的女战士费了好大劲才挤上前去，献上了一束束鲜花……济南军区八一大礼堂里，掌声雷鸣般地响起，轻轻的抽泣、晶莹的泪水挂在每位听众的脸上……军区第五招待所里，十几名"军嫂"围着素云正在说心里话。"军嫂"刘建春说："我丈夫经常出差，顾不了家，有时我还埋怨他，如今，我算明白了这个理。支持丈夫的工作就是爱国拥军！"……山东的数千名军人妻子纷纷表示：要像韩素云那样，做爱国、爱军、爱亲人的模范……济南军区某集团军的"军嫂"们叫响了"你安心军营护长城，我勇挑重担理好家"的口号，以实际行动争当"好军嫂"……

——1995 年 1 月 16 日中午，韩素云爱国拥军先进群体报告团成员乘坐飞机去上海，乘机的人们一发现韩素云，热情的掌声立刻爆响；第二天，当韩素云登上高高的东方明珠塔时，许多观光游客认出了韩素云，6 岁的小朋友郭荔拉着爸爸妈妈的手跑到素云跟前说："我们昨晚在电视上看到你，今天在这儿又遇上你，真是太高兴了。"黄浦区的街道干部孙莲英挤上前去，握住韩素云的手说："你了不起，你是我们学习的好榜样，你是我们妇女的好榜样。"挤不到跟前的人们一面热情鼓掌，一面声声呼唤："军嫂，您好！军嫂，您好！"上海各新闻媒体连载、播放了韩素云先进群体的事迹报道。一时间，"好军嫂"的事迹成了上海群众街谈巷议的热门话题。一个学习"好军嫂"活动在全市广泛深入地开展起来……

——1995 年 2 月 17 日，民政部、总政治部授予韩素云"优秀军人妻子"荣誉称号命名大会在广西首府南宁隆重举行。命名大会上，民政部副部长杨衍银代表民政部、总政治部宣布授予韩素云"优秀军人妻子"荣誉称号，总政治部副主任徐才厚中将、广西壮族自治区党委书记赵富林分别给韩素云颁发荣誉证书和授予二级英模奖章。当韩素云接过大红的证书，佩戴上金光闪闪的奖章时，热烈的掌声经久不息……

　　三是时代需要。从时间节点看，推出韩素云这个典型时，我国正处在改革开放、市场经济高速发展的阶段，全社会追求利益最大化，传统美德受到挑战，军队建设要服从经济建设大局，军人待遇较低等问题并存。位于改革开放前沿的广州市大范围掀起"为军嫂献爱心"活动，等于向世人宣布：中国坚持搞改革开放发展市场经济的决策是正确的，中华民族是有希望的！从人物看，韩素云的事迹看似平常，却体现了我们这个时代需要大力弘扬的爱国奉献精神，这种精神，军队需要，人民需要，社会需要，是时代的强音。韩素云的爱国主义精神之所以能够震撼那么多人的心，就是因为这种精神是我们中华儿女几千年来不断铸造、并深埋于内心深处的共同美德，是我们的民族之魂，强国之声。

　　当年在北京采访期间，笔者同总政宣传部宣传局的领导秦怀保曾进行过多次交流，也参加了 1995 年 1 月 6 日上午，由《人民日报》、新华社等中央媒体和军队新闻单位，在中国记协礼堂联合举办的"首都 10 家新闻单位邀请各界人士学习韩素云爱国拥军先进群体先进事迹座谈会"。秦怀保说，同韩素云一样的军嫂事迹材料，我办公室里放着好几十份，之所以选树韩素云这个典型，上级基于三种考虑：一是韩素云的事迹很动人，她朴实、勤劳、爱家、爱国的高尚道德情操和无私奉献精神，是中华民族应该大力弘扬的精神，宣传韩素云就是宣传

千千万万个无私奉献的军嫂和在各条战线上无私奉献的广大群众；二是韩素云背后有一个先进的群体，在群体的后面，还有千千万万英雄的人民。宣传好这个伟大群体，既可稳定部队官兵思想，又能推进全国的拥军优属、拥政爱民工作和"双文明"建设；三是广西、广东、山东三省区的宣传力度大，收获也大，局部效应已经显现。山东是革命老区，对中国革命贡献大。广东是改革开放试点省，经济上去了，群众先富了，人们的爱国拥军热情更高了。广西是少数民族地区也是边、海防，建国后这几十年为稳定祖国南大门作出了巨大牺牲和贡献。在宣传韩素云先进事迹上，三个地方各有特点，《广西日报》率先报道后，接着又展开跟踪报道，持续的

时间长，报道量大力度也大；广东参与的人数多，媒体多，事例感人，优势明显；山东虽说起步晚些，但起点很高，多家媒体一齐上，形成了合力。三省区先后发起向军嫂献爱心活动充分说明，弘扬时代主旋律恰逢其时！

1995年1月6日上午召开的"首都10家新闻单位邀请各界人士学习韩素云爱国拥军先进群体先进事迹座谈会"。内容有两部分：一是向韩素云学习，像她那样把爱国之情化作报国之心，在平凡岗位上无私奉献；二是谈韩素云爱国拥军先进群体产生的巨大社会影响，新闻媒体如何弘扬时代主旋律。接到参会通知后，《广西日报》的政文部主任张承工与笔者耍了个"小聪明"，我俩把《广西日报》发表的40多篇稿件复印后，连夜制作了50本小册子。这批"真金白银"的小册子发到各位领导和专家手上后产生了轰动，《光明日报》、《解放军报》等多家媒体的领导在发言时，对《广西日报》在宣传报道韩素云，弘扬时代主旋律上作出的贡献，给予了赞扬和肯定。会上，《羊城晚报》、《人民日报》《光明日报》《解放军报》、新华社、《广西日报》《北京晚报》《中国妇女报》和中央电视台先后介绍了宣传好军嫂的经验。发言各有千秋，共同部分是：时代需要韩素云这样的典型，各新闻媒体在宣传韩素云爱国拥军先进群体上投入的力量巨大，所取得的效果最好，为今后的重大典型宣传积累了经验，新闻媒体在弘扬爱国奉献时代主旋律上打了一场漂亮仗！

从2009年9月，韩素云高票当选全国"双百"人物充分说明：时代需要爱党、爱国、爱军的崇高思想境界和无私奉献精神；中华民族崇尚敬老爱幼的传统美德。"好军嫂"韩素云这个朴实无华的时代典型，集中体现在她身上的精神与美德，将鼓舞、激励着一代又一代国人，为建设崭新、强盛的祖国与和谐社会而奋斗。

　　本书在写作过程中，作者所使用的文字材料基本上是本人采写过和长期收集保存下来的，部分是最近从素云、效武那里"挖"出来的。在大量使用这些材料的基础上，作者还参阅了汪林编著的《好军嫂韩素云》，广西壮族自治区委员会宣传部编著的《新时期的好军嫂韩素云》。所使用的照片部分是笔者过去拍摄和精心保存的，另一部分是从效武家庭影集上挑选的。在如何根据章节内容选配照片方面，《广西日报》摄影部主任蒋光意，《南国早报》摄影部主任农如松给予了帮助。在此一并表示谢意!

作　者

2012 年 3 月 18 日

100位

新中国成立以来感动中国人物

丁晓兵　马万水　马永顺　马恒昌　马海德　中国女排五连冠群体
孔祥瑞　孔繁森　文花枝　方永刚　方红霄　毛岸英
王　杰　王　选　王　瑛　王乐义　王有德　王启民
王进喜　王顺友　邓平寿　邓建军　邓稼先　丛　飞
包起帆　史光柱　史来贺　叶　欣　甘远志　申纪兰
白芳礼　任长霞　刘文学　刘英俊　华罗庚　向秀丽
廷·巴特尔　许振超　达吾提·阿西木　邢燕子　吴大观
吴仁宝　吴天祥　吴金印　吴登云　宋鱼水　张　华
张云泉　张秉贵　张海迪　时传祥　李四光　李春燕
李桂林和陆建芬夫妇　李素芝　李梦桃　李登海　杨利伟
杨怀远　杨根思　苏　宁　谷文昌　邰丽华　邱少云
邱光华　邱娥国　陈景润　麦贤得　孟　泰　孟二冬
林　浩　林巧稚　林秀贞　欧阳海　罗映珍　罗健夫
罗盛教　草原英雄小姐妹　赵梦桃　钟南山　唐山十三农民
容国团　徐　虎　秦文贵　袁隆平　钱学森　常香玉
黄继光　彭加木　焦裕禄　蒋筑英　谢延信　韩素云
窦铁成　赖　宁　雷　锋　谭　彦　谭千秋　谭竹青
樊锦诗

图书在版编目（CIP）数据

韩素云 / 陈富贵著. -- 长春 ：吉林文史出版社，
2012.7（2022.4重印）
（100位新中国成立以来感动中国人物）
ISBN 978-7-5472-1144-1

Ⅰ. ①韩… Ⅱ. ①陈… Ⅲ. ①韩素云－生平事迹－青
年读物②韩素云－生平事迹－少年读物 Ⅳ. ①K828.5

中国版本图书馆CIP数据核字(2012)第171704号

韩素云

HANSUYUN

著/ 陈富贵

选题策划/ 王尔立　责任编辑/ 王尔立 李洁华 马华 任玉茗
装帧设计/ 韩璘
出版发行/ 吉林文史出版社
地址/ 长春市福祉大路5788号　邮编/ 130118
电话/ 0431-81629363　传真/ 0431-86037589
印刷/ 天津海德伟业印务有限公司
版次/ 2012年8月第1版 2022年4月第5次印刷
开本/ 640mm×920mm　1/16
印张/ 9　字数/ 100千
书号/ ISBN 978-7-5472-1144-1

定价/ 29.80元